essentials

Susann Dietze

Trauermanagement in Organisationen

Leitfaden für Führungskräfte und Personalverantwortliche

Susann Dietze
Dresden, Deutschland

ISSN 2197-6708 ISSN 2197-6716 (electronic)
essentials
ISBN 978-3-658-51786-1 ISBN 978-3-658-51787-8 (eBook)
https://doi.org/10.1007/978-3-658-51787-8

Die Deutsche Nationalbibliothek verzeichnet diese Publikation in der Deutschen Nationalbibliografie; detaillierte bibliografische Daten sind im Internet über https://portal.dnb.de abrufbar.

Springer Gabler ist ein Imprint der eingetragenen Gesellschaft Springer Fachmedien Wiesbaden GmbH und ist ein Teil von Springer Nature.
Die Anschrift der Gesellschaft ist: Abraham-Lincoln-Str. 46, 65189 Wiesbaden, Germany

Inhaltsverzeichnis

Über die Autorin

Susann Dietze verfügt als geprüfte Fachwirtin im Gesundheits- und Sozialwesen über 13 Jahre Berufserfahrung bei der Deutschen Gesetzlichen Unfallversicherung e.V. (DGUV). Aus der Überzeugung heraus, dass ein bewusster Umgang mit Trauer am Arbeitsplatz sowohl für Betroffene als auch für Führungskräfte entlastend wirken kann, entwickelte und implementierte sie bei der Berufsgenossenschaft für Gesundheitsdienst und Wohlfahrtspflege (BGW) eine professionelle und einfühlsame Trauerkultur.

Um sich auch neben dem Beruf für Menschen in schwierigen Lebenslagen zu engagieren, trat sie im Jahr 2019 dem Verein Krisenintervention und Notfallseelsorge Dresden e.V. bei. Neben aktiver Vereinsarbeit begleitet sie als zertifizierte Kriseninterventionsberaterin regelmäßig Menschen in akuten Belastungs- und Verlustsituationen. Während ihrer Einsatztätigkeit leistete sie bereits mehrfach bei schweren Unglücken und Todesfällen im beruflichen Kontext psychosoziale Notfallversorgung (PSNV) und erkannte die Notwendigkeit einer Handlungshilfe.

Ihr fundiertes Fachwissen für komplexe und beratungsintensive Situationen wird mit ihrer Qualifikation in Traumapädagogik und traumazentrierter Fachberatung (DeGPT) abgerundet, die sie während ihrer dreijährigen Nebentätigkeit als Projektkoordinatorin am Universitätsklinikum Dresden in der Klinik und Poliklinik für Psychotherapie und Psychosomatik erwarb.

Mit diesem Buch möchte sie praxisnahe Strategien vermitteln, die sich im Berufsalltag direkt umsetzen lassen und zugleich einen offenen, unterstützenden Umgang mit Trauernden fördern.

Susann Dietze lebt und arbeitet in Dresden.

Einleitung

Zusammenfassung

Einleitend wird dargestellt, in welchen Situationen der Leitfaden Anwendung finden kann und welche Vorteile er Führungskräften und Personalverantwortlichen bietet. Weiterhin wird der Aufbau des Leitfadens beschrieben und auf die enthaltenen Arbeitshilfen zur praktischen Anwendung hingewiesen.

Was Sie in diesem *essential* finden können
- Schritt-für-Schritt-Anleitung von der Akutphase bis hin zum Prozessabschluss für konkrete Maßnahmen bei Todesfällen im Arbeitskontext
- Kompaktes Hintergrundwissen und praktische Handlungsempfehlungen
- Praxisnahe Arbeitshilfen anhand von Kommunikationsvorlagen und Checklisten
- Weiterführende Informationen für Prozessverantwortliche, Führungskräfte, Trauernde und Umfeld
- Zusatzmaterial: Vorlage zur individuellen Erstellung eines Notfallplans

Tod und Trauer sind Erfahrungen, denen wir alle früher oder später begegnen. Nicht nur im privaten Kontext, sondern auch beruflich kommen wir nicht selten auf direkte oder indirekte Weise damit in Berührung. Entweder, weil ein Beschäftigter einen nahestehenden Menschen verloren hat oder weil ein Mitarbeitender verstor-

© Der/die Autor(en), exklusiv lizenziert an Springer Fachmedien Wiesbaden GmbH, ein Teil von Springer Nature 2026
S. Dietze, *Trauermanagement in Organisationen*, essentials,
https://doi.org/10.1007/978-3-658-51787-8_1

ben ist. Dabei ist unerheblich, ob es sich um einen plötzlichen Todesfall oder um einen Verlust nach langer Krankheit handelt – oftmals überfordert uns das Ereignis.

Für Führungskräfte und Personalverantwortliche stellt dies eine besondere Herausforderung dar. Sie müssen neben ihren eigenen Emotionen die Situation sowohl organisatorisch als auch einfühlsam meistern (Zimmermann, 2014).

Dieser Leitfaden unterstützt Sie dabei, professionell und strukturiert vorzugehen. Er kann direkt nach Eintritt eines Ereignisses angewandt werden oder bereits im Vorfeld dazu dienen, um einen individuellen Notfallplan entsprechend Ihrer personellen, strukturellen und örtlichen Gegebenheiten zu entwickeln.

Mit dieser praxisnahen Unterstützung profitieren Sie von:

- einer erhöhten Reaktions- und Handlungsgeschwindigkeit,
- klaren Abläufen mit definierten Zuständigkeiten und Strukturen für eine sichere Handlungsorientierung (SIUS Consulting, n.d.; Sutor, 2020),
- der Reduktion eigener Unsicherheiten und dem Gefühl von Hilflosigkeit,
- einem empathischen Umgang mit trauernden Hinterbliebenen und Mitarbeitenden,
- der Stärkung der Mitarbeitendenbindung durch gemeinsame Bewältigung (Sutor, 2020),
- der Verringerung möglicher Ausfallzeiten durch gezielte Unterstützung sowie
- der Verdeutlichung des Verantwortungsbewusstseins und Fürsorge als Arbeitgebender (SIUS Consulting, n.d.).

Sie werden schrittweise durch geeignete Maßnahmen in der Akutphase geführt, erhalten Anregungen für die Gestaltung der Trauerphase und Empfehlungen für einen achtsamen Abschluss des Prozesses. Anhand von Checklisten behalten Sie jederzeit einen Überblick über den Fortschritt der Aufgabenerledigung in den jeweiligen Phasen.

Beim Todesfall einer Person der obersten Leitung sind ergänzend dazu weitere organisatorische Aufgaben zu beachten. Diese sind ebenfalls in einer Checkliste dargestellt und zeigen mögliche relevante Aspekte auf.

Im letzten Teil stehen Ihnen Kommunikationsvorlagen als Formulierungshilfen für die interne und externe Ansprache zur Verfügung.

Weiterhin enthält der Leitfaden kompakte Informationen und Hinweise für einen sensiblen Umgang mit trauernden Menschen.

Literatur

SIUS Consulting. (n.d.). Leitfaden und Tipps zur Krisenkommunikation. https://www. krisenmanagement.de/leitfaden-tipps-krisenkommunikation. Zugegriffen: 15. November 2024.

Sutor, P. (2020). Trauer am Arbeitsplatz: Sprachlosigkeit überwinden – Fürsorgepflicht wahrnehmen – Trauerkultur entwickeln. Patmos Verlag.

Zimmermann, B. (2014). Todesfall im Betrieb – das müssen Personaler beachten. HR Today. https://www.hrtoday.ch/de/article/todesfall-im-betrieb-das-muessen-personaler-beachten. Zugegriffen: 03. Januar 2025.

Erste Phase – Akutphase

2

Zusammenfassung

Dieses Kapitel beschreibt konkrete Maßnahmen, die direkt nach Bekanntwerden des Todesfalls eines Mitarbeitenden ratsam sind. Neben organisatorischen Schritten wird ausführlich auf mögliche Vorgehensweisen zur internen und externen Kommunikation eingegangen.

Die Nachricht eines Todesfalls erreicht uns oft unvorhergesehen. Verstirbt ein Mitarbeitender oder eine Person der obersten Leitung, ist eine schnelle und zugleich strukturierte Reaktion erforderlich. Innerhalb der ersten 24 Stunden nach Bekanntwerden sind möglichst die wichtigsten Maßnahmen einzuleiten und die nachfolgenden Schritte vorzubereiten.

2.1 Sofortmaßnahmen nach Bekanntwerden eines Todesfalls

Tod außerhalb der Arbeitsstätte

Die erstinformierte Person über den Todesfall leitet die Mitteilung sofort an die oberste Leitung (oder Vertretung) weiter und behandelt sie ansonsten vertraulich. Vor jeglicher Einleitung von Maßnahmen führt die Leitung über geeignete Wege eine Verifizierung

---

Ergänzende Information Die elektronische Version dieses Kapitels enthält Zusatzmaterial, auf das über folgenden Link zugegriffen werden kann [https://doi.org/10.1007/978-3-658-51787-8_2].

S. Dietze, *Trauermanagement in Organisationen*, essentials,
https://doi.org/10.1007/978-3-658-51787-8_2

durch, um sicherzustellen, dass sich keine Fehlinformation verbreitet (Haus kirchlicher Dienste der Evangelisch-lutherischen Landeskirche Hannovers, o. J.).

Todesfall auf der Arbeitsstätte

Wird eine verstorbene Person auf der Arbeitsstätte aufgefunden, ist sofort die 110/112 zu alarmieren und im direkten Anschluss die oberste Leitung (oder Vertretung) zu kontaktieren. Bis zur offiziellen Informationsweitergabe sollten möglichst wenige Personen in das Geschehen involviert werden.

Sperren Sie bis zum Eintreffen der Einsatzkräfte den Fundort ab bzw. stellen Sie sicher, dass dieser nicht von unbefugten Personen betreten wird. Sorgen Sie für Sichtschutz, wenn der Bereich offen einsehbar ist.

Positionieren Sie eine einweisende Person für Einsatzkräfte an geeigneter Stelle, damit diese den Fundort schnell erreichen können.

Hintergrundinformation

Eine Ärztin oder ein Arzt wird vor Ort die Leichenschau vornehmen. Es ist wahrscheinlich, dass bei der Todesfeststellung eine „nicht natürliche" bzw. „ungeklärte Todesart" bescheinigt wird, was automatisch ein Todesermittlungsverfahren (§ 159 StPO) nach sich zieht. Das ist ein normaler und häufig vorkommender Prozess, bei dem die Todesumstände durch die Kriminalpolizei geklärt werden müssen (Sächsisches Staatsministerium des Innern, 2022).

Die Kriminalbeamten nehmen am Fundort eine sorgfältige Untersuchung des Leichnams sowie der näheren Umgebung vor, was ebenfalls die Befragung von Mitarbeitenden beinhalten kann. In Absprache mit den Beamten kann eine Abschiednahme vor Ort möglich sein. Nach Beendigung der polizeilichen Maßnahmen wird die verstorbene Person von einem Bestattungsinstitut überführt. Es ist damit zu rechnen, dass dieses Prozedere mehrere Stunden dauern kann.

2.2   Krisenstab einrichten

Für eine strukturierte Vorgehensweise empfiehlt es sich – besonders für Organisationen mit größerer Belegschaft – einen Krisenstab einzurichten (SIUS Consulting, o. J.; Zimmermann, 2014).

Die beteiligten Personen sind verantwortlich für die Kommunikation nach innen und außen, stimmen sich bezüglich anstehender Aufgaben ab und weisen konkrete Verantwortlichkeiten zu. An dieser Stelle laufen während des gesamten Prozesses alle Informationen zum Gesamtüberblick, zur Koordination und Überwachung zusammen.

Neben der obersten Leitung eignen sich für dieses Gremium je nach personellen und strukturellen Gegebenheiten beispielsweise:

- Mitarbeitende der Personalabteilung
- Vertreter weiterer Führungsebenen

- Mitglied des Betriebs-/ Personalrats
- Mitglied des BGM-Teams
- Sicherheitsbeauftragte

Für die Zusammensetzung des Krisenstabs ist nicht die Anzahl der Personen entscheidend, sondern dass die vorgesehenen Aufgaben und Verantwortlichkeiten erfüllt werden können.

Bei der Auswahl – und auch bei jeder weiteren Zuweisung von Zuständigkeiten – ist darauf zu achten, dass die Person nicht nur fachlich geeignet, sondern auch psychisch in der Lage ist, diese zu übernehmen (Haus kirchlicher Dienste der Evangelisch-lutherischen Landeskirche Hannovers, o. J.).

2.3   Ansprechpersonen benennen

Der Krisenstab benennt geeignete Ansprechpersonen, die mögliche Bedarfe von intern und extern abdecken.

Unter anderem sollte bekannt sein, wer den Mitarbeitenden zur Beantwortung organisatorischer Fragen, zur emotionalen Unterstützung (zum Beispiel durch betriebliche psychologische Erstbetreuende) oder für andere Anliegen zur Verfügung steht.

Ebenso empfiehlt es sich, eine Kontaktperson für dringende externe Ersuchen und für Presseanfragen festzulegen, falls Medieninteresse besteht.

Die Ansprechpersonen stellen sicher, alle relevanten Informationen an den Krisenstab weiterzugegeben, um auf dynamische Entwicklungen rechtzeitig reagieren zu können.

Hinweis: Über Polizei, Rettungsdienst oder Feuerwehr können sogenannte Kriseninterventions-Teams (KIT) zur psychosozialen Notfallversorgung (PSNV) hinzugezogen werden, um stark betroffene Mitarbeitende, Augenzeuginnen und Augenzeugen sowie Ersthelfende vor Ort aufzufangen.

2.4   Arbeitsorganisatorische Regelungen treffen

Falls nicht bereits im Vorfeld arbeitsorganisatorische Regelungen für eine entsprechende Situation getroffen wurden, gilt es, diese nun festzulegen. Dies umfasst beispielsweise Überlegungen zum Umgang mit:

- Arbeitspausen
- Arbeitsentlastung

- Arbeitsbefreiung
- Flexible Arbeitszeiten
- Begräbnisfreistellung (Aschenbach, 2017)

Besprechen Sie zudem, wie Sie mit dem Geschäftsbetrieb an dem Tag und den Folgetagen verfahren möchten. Beispielsweise kann eine Bandansage auf eine vorübergehende Nichterreichbarkeit hinweisen und Ihnen etwas Zeit und Raum verschaffen.

2.5   Nutzung von Räumen bestimmen

Schaffen Sie möglichst Bereiche, in denen Mitarbeitende ihren Bedürfnissen nach Rückzug und/oder geschützten Gesprächen nachgehen können.

Daneben braucht es einen geeigneten Ort zum Gedenken. In einem Großraumbüro kann es vorteilhaft sein, dafür nicht den Arbeitsplatz des verstorbenen Mitarbeitenden zu wählen, sondern einen separaten Bereich, der mehr Privatsphäre zulässt.

2.6   Organisationsbezogene Besonderheiten beachten

Prüfen Sie, ob besondere Umstände in Ihrer Organisation bestehen, die Regelungen erfordern oder für die ein angemessener Umgang gefunden werden muss. Berücksichtigen Sie diese bei den nachfolgenden Schritten.

2.7   Interne Kommunikation

Die Mitglieder des Krisenstabs legen fest, welche Informationen an die Belegschaft weitergegeben werden können und über welchen Weg dies erfolgt.

Um Gerüchte zu vermeiden, sollten alle Mitarbeitenden die Kenntnis über den Todesfall möglichst zeitnah und einheitlich erhalten. Bestenfalls erfolgt dies persönlich, besonders an die direkten Arbeitskolleginnen und Arbeitskollegen der verstorbenen Person.

Denken Sie auch daran, abwesende Mitarbeitende, etwa durch Schichtsystem, Urlaub, Krankheit oder Dienstreise, bei der gezielten Informationsweitergabe zu berücksichtigen. Steuern Sie dies aktiv, um die Verbreitung der Todesnachricht über informelle Wege, wie Mundpropaganda, zu vermeiden.

2.7.1 Mitteilung des Todesfalls

Schriftliche Mitteilung des Todesfalls

Beschränkt sich der persönliche Bezug zum verstorbenen Mitarbeitenden auf einen kleinen Personenkreis, kann die Mitteilung an die übrige Belegschaft auf schriftlichem Weg erfolgen. Dies gilt auch, wenn keine Versammlung möglich ist.

Zur kurzen, formellen Bekanntgabe eignet sich eine interne Traueranzeige (siehe Abschn. 10.1.4), die baldmöglichst und noch vor Beisetzungstermin veröffentlicht werden sollte. Entsprechend der Organisationskultur bieten sich dazu Medien an, mit denen viele Mitarbeitende erreicht werden können, beispielsweise per E-Mail, als Aushang in den Geschäftsräumen, eine Mitteilung im Intranet oder durch Druck in der Firmenzeitschrift. Wählen Sie für Mitarbeitende, die nicht persönlich benachrichtigt werden können, aber in näherem Kontakt mit der verstorbenen Person standen, möglichst eine ausführlichere Formulierung (siehe Abschn. 10.1.2).

Persönliche Mitteilung des Todesfalls

Bevor die Mitteilung zum Todesfall im größeren Belegschaftskreis erfolgt, sollten zunächst die Kolleginnen und Kollegen informiert werden, die mit der verstorbenen Person unmittelbar zusammenarbeiteten oder ihr nahestanden (Sutor, 2020).

Im Anschluss kann die Information an die gesamte Belegschaft vorbereitet werden. Für die Ankündigung einer kurzfristig stattfindenden Mitarbeitendenversammlung eignet sich bei großen Belegschaftskreisen eine Rund-E-Mail (siehe Abschn. 10.1.1).

Gibt es Mitarbeitende in Telearbeit, sollten diese die Möglichkeit erhalten, sich per Videokonferenz zuzuschalten.

Bereiten Sie den Raum für die Zusammenkunft entsprechend vor. Dazu gehören eine angemessene Bestuhlung sowie die erforderliche technische Ausstattung für eine reibungslose Hybridversammlung.

Empfehlungen zur Mitteilung des Todesfalls (siehe Abschn. 10.1.2):

- Überbringung der Nachricht erfolgt durch die oberste Leitung
- Kurze, deutliche und respektvoll formulierte Mitteilung
- Unter Wahrung der Privatsphäre der Hinterbliebenen transparente Darstellung des bekannten Sachverhalts
- Ehrliche Beantwortung von Nachfragen, auch in Bezug auf mögliche Verletzungen
- Verzicht auf Spekulationen

- Angemessener und authentischer Ausdruck eigener Betroffenheit
- Bewusstes Setzen von Pausen und Aushalten von Momenten der Stille
- Unterschiedliche Erstreaktionen und individuellen Umgang akzeptieren, ohne zu bewerten

Legen Sie eine Schweigeminute ein, um den verstorbenen Mitarbeitenden gemeinsam zu gedenken.

Hinweis: Als Erstreaktion kann die Nachricht Ungläubigkeit, ein Gefühl der Taubheit, Verzweiflung und Überwältigung auslösen. Ein mehrfacher Wechsel zwischen diesen und noch vielen weiteren Emotionen ist nicht ungewöhnlich.

2.7.2   Mitteilung weiterer organisatorischer Informationen

Teilen Sie weitere relevante Informationen mit, über die Sie sich im Vorfeld beraten haben und zu denen Festlegungen getroffen wurden, beispielsweise:

- Die Einrichtung eines Krisenstabs
- Arbeitsorganisatorische Regelungen bezüglich Arbeitspausen und/oder Freistellung
- Festgelegte Ansprechpersonen für verschiedene Belange
- Rückzugsräume und Gedenkort

Falls der Todesfall auf der Arbeitsstätte eingetreten ist, erläutern Sie möglichst das weitere Prozedere bezüglich der Kriminalpolizei.

Durch eine größtmögliche Transparenz können Sie Vertrauen und das Sicherheitsgefühl stärken. Versichern Sie, die Belegschaft auch weiterhin auf dem Laufenden zu halten und werben Sie im Gegenzug um Offenheit und Zusammenhalt. Ebenso können Sie darauf hinweisen, dass es auch für Sie eine Ausnahmesituation ist und um Verständnis bitten, falls nicht alles reibungslos gelingt.

Es bietet sich an, im Anschluss allen Mitarbeitenden die wichtigsten Fakten als Zusammenfassung zeitnah per E-Mail zum Nachlesen zu senden (siehe Abschn. 10.1.3).

Hinweis: Möchten Mitarbeitende die Arbeitsstätte verlassen, stellen Sie bitte sicher, dass sich diese in einem stabilen Zustand befinden. Es sollte gewährleistet sein, dass Fahrtüchtigkeit besteht sowie soziale Unterstützung und persönliche Bewältigungsressourcen vorhanden sind.

2.7.3 Abteilungsinterne Belange klären

In größeren Organisationen empfiehlt es sich, im Anschluss an die Todesmitteilung abteilungsinterne Besprechungen durchzuführen, um individuelle Bedürfnisse erfassen zu können. Mitarbeitende in Telearbeit können auch hier über eine Video- oder Telefonkonferenz in die Kommunikation einbezogen werden.

Besprechen Sie im Team, welche Aufgaben dringend erledigt werden müssen und verteilen Sie diese entsprechend (Garbade & Kruck, 2023).

Aktivieren Sie für stark belastete Mitarbeitende eine Vertretung, wenn sich diese nicht oder nur eingeschränkt arbeitsfähig fühlen, aber wichtige Dinge zeitnah erledigt werden müssen.

Beraten Sie außerdem, wie die Informationsweitergabe an die abwesenden Mitarbeitenden des Bereichs erfolgt und wer diese Aufgabe übernimmt.

Melden Sie dies und auch alle weiteren relevanten Informationen für ein möglichst einheitliches Vorgehen in der Organisation dem Krisenstab zurück.

2.8 Weitere organisatorische Maßnahmen

Erneuter Austausch Krisenstab
Nach Durchführung der internen Kommunikation empfiehlt sich ein Austausch des Krisenstabs. Gemeinsame Überlegungen können hierbei sein, ob der Informationsweg an abwesende Mitarbeitende gesteuert werden muss.

Rückzugsräume und Gedenkort einrichten
Richten Sie für die nächsten drei bis vier Wochen einen Gedenkort mit entsprechendem Material ein (siehe Abschn. 9.1). Hierbei sollten auch Symbole oder Wünsche der Mitarbeitenden Berücksichtigung finden. Benennen Sie eine verantwortliche Person, die in der nächsten Zeit darauf achtet, bei Bedarf Material am Gedenkort aufzufüllen und dass dieser stets ordentlich hergerichtet ist (Aschenbach, 2017; Welzel, 2016).

Kennzeichnen Sie zudem mögliche Räume zum ungestörten Rückzug und zur Nutzung für Einzel- und Gruppengespräche. Ein Schild, dass darauf hinweist, ob der Raum frei oder besetzt ist, kann zusätzlich Privatsphäre schaffen.

Administrative Aufgaben durchführen
Ist der Tod des Mitarbeitenden auf dem Arbeits-/ Dienstweg oder auf der Arbeitsstätte durch einen Arbeitsunfall eingetreten, muss innerhalb von drei Tagen eine Meldung an den zuständigen gesetzlichen Unfallversicherungsträger erfolgen.

Mitarbeitende, die Erste Hilfe geleistet haben oder als Augenzeugen anwesend waren, können unter Umständen ebenfalls Anspruch auf Leistungen der Berufsgenossenschaft/Unfallkasse haben. Dazu zählt beispielsweise psychotherapeutische Unterstützung, um das Erlebte besser verarbeiten zu können.

Auch wenn bei den betroffenen Mitarbeitenden vorerst keine Notwendigkeit erkennbar ist, sollte vorsorglich eine Meldung oder zumindest ein Eintrag im Verbandbuch vorgenommen werden, falls später ein Bedarf entsteht. Sind Mitarbeitende infolge des Ereignisses mehr als drei Kalendertage arbeitsunfähig, ist der Arbeitgeber zur Meldung bei dem Unfallversicherungsträger verpflichtet.

Besaß der verstorbene Mitarbeitende einen E-Mailaccount, ist es empfehlenswert, hierfür eine Weiterleitung und einen Autoresponder einzurichten, in dem neutral auf die Nicht-Erreichbarkeit und eine alternative Ansprechperson verwiesen wird (siehe Abschn. 10.3.1).

Weitere Aufgaben sind die vorübergehende Kennzeichnung des Mitarbeitenden in internen Verzeichnissen als „verstorben" (Garbade & Kruck, 2023; Gewerkschaft vida, o. J.) sowie die Abmeldungen bei den zuständigen Sozialversicherungsträgern.

Prüfen Sie zudem, ob Anpassungen der Webseite, der Social-Media-Auftritte oder anderen öffentlicher Kanäle erforderlich sind und veranlassen Sie diese erst, nachdem die direkte externe Kommunikation erfolgt ist (siehe Abschn. 2.10).

2.9   Umgang mit Hinterbliebenen

2.9.1   Beileidsbekundung an Hinterbliebene

Die Kondolenz an die Hinterbliebenen sollte durch eine persönlich verbundene Person (in der Regel die direkte Führungskraft) ausgesprochen werden. Dies geschieht idealerweise zeitnah, also innerhalb von ein bis drei Tagen nach Bekanntwerden des Todesfalls. Dafür eignet sich der Versand einer hochwertigen Trauerkarte oder ein handgeschriebener Text auf neutralem Briefpapier. Achten Sie darauf, persönliche Worte zu formulieren, die den verstorbenen Mitarbeitenden wertschätzend würdigen (siehe Abschn. 10.2.1) (Frankfurter Allgemeine Lebenswege, o. J.; Gil Toja, 2020; Welzel, 2016).

2.9.2   Unterstützung für Hinterbliebene

Sofern im Vorfeld keine konkreten Regelungen getroffen wurden, prüfen Sie mögliche Formen der Unterstützung für Hinterbliebene.

Wenn betrieblich oder tariflich vorgesehen, kann beispielsweise von der Organisation Sterbegeld gezahlt werden oder eine Beteiligung an den Beerdigungskosten erfolgen.

Ebenso können bei betrieblicher Altersvorsorge oder durch finanzielle Abgeltung der Urlaubsansprüche Anrechte auf Hinterbliebenenleistung bestehen.

Ist der Todesfall durch einen tödlichen Arbeitsunfall oder aufgrund einer tödlich verlaufenden Berufskrankheit eingetreten, gibt es weitere Leistungen, die von der gesetzlichen Unfallversicherung erbracht werden können.

Darüber hinaus kann neben finanzieller Unterstützung auch auf symbolische Weise Anteilnahme gezeigt werden, beispielsweise durch die Initiierung einer Spendensammlung, das Überbringen von Blumen oder einem Kranz zur Beerdigung.

Legen Sie fest, wer mit der Familie demnächst persönlich in Kontakt tritt, um das weitere Vorgehen zu besprechen. Die Auswahl der Person sollte nicht ausschließlich nach ihrer Position erfolgen, sondern auch einen persönlichen Bezug und ein gutes Verhältnis berücksichtigen.

2.10 Externe Kommunikation

2.10.1 Persönliche Information naher Geschäftskontakte

Bestand ein enger persönlicher Kontakt zwischen dem verstorbenen Mitarbeitenden und externen Stakeholdern, sind diese nach Zustimmung der Hinterbliebenen gegebenenfalls zu informieren.

Je nach Art der Organisation kann es sich dabei um Kundschaft, Klientel, Bezugspersonen, externe Dienstleister wie Lieferanten, Mitglieder sowie Mitgliedsorganisationen oder andere dienstliche Kontakte handeln.

Bei personennahen Dienstleistungen, bei denen die menschliche Beziehung eine relevante Rolle spielt, kann jedoch eine andere Formulierung passend sein, als bei einer eher sachlichen Geschäftsorientierung.

In beiden Fällen sollte neben der Todesnachricht das eigene Bedauern und eine knappe, würdigende Erinnerung des verstorbenen Mitarbeitenden ausgedrückt werden. Weitere Elemente können Angaben und Kontaktdaten einer neuen Ansprechperson sein und gegebenenfalls Informationen zu Auswirkungen auf laufende oder zukünftige Aufträge.

2.10.2 Öffentliche Bekanntmachung

Ob eine Organisation sich mit dem Todesfall eines Mitarbeitenden nach außen richtet, hängt von verschiedenen Faktoren ab. Es kann beispielsweise in Betracht kommen, wenn die verstorbene Person eine öffentlich sichtbare Rolle hatte, in leitender Position war oder ein hoher Bekanntheitsgrad bestand. Auch eine lange Betriebszugehörigkeit sowie die Organisationskultur sind bei Form und Umfang relevant.

Im Vorfeld von externen Bekanntmachungen sind mit den Hinterbliebenen jegliche Maßnahmen abzusprechen und deren Wünsche und Privatsphäre zu respektieren. Liegt das Einverständnis vor, kann die Veröffentlichung über verschiedene Wege erfolgen. Häufig wird ein Nachruf verwendet (siehe Abschn. 10.3.2) (Redaktion Wirtschaftswissen, 2025).

Inwieweit Organisationen auf ihrer Webseite, in sozialen Netzwerken oder als Pressemitteilung das Versterben eines Mitarbeitenden bekanntmachen, ist abhängig von den individuellen Aspekten. Es ist ratsam, sich an der grundsätzlich üblichen Kommunikationsstrategie zu orientieren.

Mögliche Maßnahmen zur Anpassung digitaler Auftritte:

- Vorübergehende Kennzeichnung des Fotos der verstorbenen Person auf der Webseite oder in sozialen Netzwerken, beispielsweise durch eine Schwarz-Weiß-Darstellung und einen Trauerflor
- Platzierung eines Trauerbanners oder eines Newsbeitrags auf der Webseite der Organisation
- Einrichtung einer dauerhaften Unterseite auf der Webseite, vor allem beim Tod einer geschäftsprägenden Persönlichkeit, mit Inhalten zum Lebenswerk
- Veröffentlichung einer Trauermitteilung in den sozialen Netzwerken

Bei der Verwendung eines Fotos ist auf die ausdrückliche Freigabe der Hinterbliebenen zu achten. Wählen Sie möglichst gemeinsam ein geeignetes Bild (vorzugsweise ein Geschäftsporträt) aus und stimmen Sie Texte ab.

Es kann sich anbieten, die öffentliche Kommunikation gleichzeitig für einen Spendenaufruf zu nutzen, mit dem die Familie unterstützt oder eine Organisation bzw. ein Projekt gefördert wird, das der verstorbenen Person am Herzen lag.

2.10.3 Hinweise zum Umgang mit Presse bei Medieninteresse

Liegen besondere Todesumstände vor oder ist die Person von öffentlichem Interesse, kann es zu Presseanfragen kommen. Interviews sollten ausschließlich von autorisierten Personen (zum Beispiel interne Pressestelle, oberste Leitung oder Vorstand) durchgeführt werden. Weisen Sie alle Mitarbeitenden ausdrücklich auf diese Regelung hin.

Vor jeder Stellungnahme ist zwingend eine Abstimmung mit den Hinterbliebenen erforderlich. Ohne ausdrückliches Einverständnis darf keine Weitergabe der Todesursache oder von vertraulichen Informationen erfolgen.

Reduzieren Sie Ihre Antworten auf kurze, sachliche Aussagen mit aufrichtigem Bedauern und verzichten Sie auf Spekulationen. Bei Bedarf kann eine externe PR-Agentur bei der Kommunikation professionell unterstützen.

2.11   **Checkliste – Akutphase**[1]

Maßnahmen innerhalb der ersten 24 Stunden

2.1. Sofortmaßnahmen nach Bekanntwerden des Todesfalls

a) **Tod eines Mitarbeitenden wird bekannt:**
- ☐ Leitung (oder Vertretung) sofort informieren
- ☐ Information durch Leitung (oder Vertretung) verifizieren

b) **Todesfall auf der Arbeitsstätte:**
- ☐ 110/112 alarmieren
- ☐ Leitung (oder Vertretung) sofort informieren
- ☐ Fundort absperren und sicherstellen, dass dieser unverändert bleibt
- ☐ Gegebenenfalls für Sichtschutz sorgen
- ☐ Einweisende Person für Einsatzkräfte positionieren

2.2. Krisenstab einrichten
- ☐ Geeignete Mitglieder einberufen

2.3. Ansprechpersonen benennen
- ☐ Für organisatorische Fragen, Anregungen oder Wünsche der Mitarbeitenden
- ☐ Zur emotionalen Unterstützung der Mitarbeitenden
- ☐ Bei dringenden Fragen von geschäftlichen Kontakten
- ☐ Für Presseanfragen bei Medieninteresse

2.4. Arbeitsorganisatorische Regelungen treffen
- ☐ Regelungen zum Umgang mit Pausen, Freistellung, usw.
- ☐ Vorläufige Regelungen zum Geschäftsbetrieb und zur externen Erreichbarkeit

2.5. Nutzung von Räumen bestimmen
- ☐ Für Einzel- / Teamgespräche
- ☐ Ort zum Gedenken

2.6. Organisationsbezogene Besonderheiten beachten
- ☐ Überlegungen durchführen, ob besondere Umstände zu beachten sind

2.7. Interne Kommunikation

2.7.1. Mitteilung des Todesfalls

Bei schriftlicher Mitteilung des Todesfalls:
- ☐ Gegebenenfalls unmittelbare / nahestehende Kolleginnen und Kollegen vorab persönlich informieren
- ☐ Einheitliche Information an Belegschaft über geeignetes Medium durchführen

Bei persönlicher Mitteilung des Todesfalls:

- ☐ Bei größerem Belegschaftskreis Zusammenkunft per E-Mail einberufen
- ☐ Gegebenenfalls unmittelbare / nahestehende Kolleginnen und Kollegen vorab persönlich informieren
- ☐ Gegebenenfalls Videokonferenz für Hybridbesprechung einrichten
- ☐ Gegebenenfalls Besprechungsraum mit entsprechender Bestuhlung herrichten
- ☐ Empfehlungen zur Mitteilung des Todesfalls beachten
- ☐ **Schweigeminute einlegen**

2.7.2. Mitteilung weiterer organisatorischer Informationen

- ☐ Weitere Informationen mitteilen
- ☐ Nachträgliche Zusammenfassung der Informationen per E-Mail senden

2.7.3. Abteilungsinterne Belange klären

- ☐ Gegebenenfalls abteilungsinterne Besprechungen durchführen
- ☐ Dringende Aufgaben verteilen
- ☐ Vertretung für stark belastete Mitarbeitende aktivieren
- ☐ Informationsweitergabe an abwesende Mitarbeitende abstimmen
- ☐ Rückmeldung relevanter Informationen an Krisenstab

2.8. Weitere organisatorische Maßnahmen

Erneuter Austausch Krisenstab

- ☐ Erneuten Austausch im Krisenstab durchführen

Rückzugsräume und Gedenkort einrichten

- ☐ Rückzugsräume und Gedenkort kennzeichnen und ausstatten
- ☐ Raumverantwortlichen bestimmen

Administrative Aufgaben durchführen

- ☐ Gegebenenfalls Meldung an die gesetzliche Unfallversicherung durchführen
- ☐ E-Mailweiterleitung und Autoresponder für E-Mailaccount des verstorbenen Mitarbeitenden einrichten
- ☐ Verstorbenen Mitarbeitenden bei den zuständigen Sozialversicherungsträgern abmelden
- ☐ Verstorbenen Mitarbeitenden in internen Verzeichnissen als „verstorben" kennzeichnen
- ☐ Erforderliche Anpassungen auf Webseite, Social Media und anderen öffentlichen Kanälen prüfen

---

2.9. Umgang mit Hinterbliebenen

☐ Kondolenzbrief/-karte etwa ein bis drei Tage nach Information zum Tod an Hinterbliebene versenden

☐ Unterstützungsmöglichkeiten für Hinterbliebene klären

☐ Festlegen, wer mit Familie in der nächsten Zeit persönlich in Kontakt tritt

2.10. Externe Kommunikation

☐ Überlegungen durchführen, welche Interessengruppen zu informieren sind

Innerhalb der ersten Woche:

☐ Gegebenenfalls Nachruf verfassen, sofern Einverständnis der Hinterbliebenen vorliegt

☐ Externe Interessengruppen gezielt informieren

☐ Gegebenenfalls erforderliche Anpassungen auf Webseite, Social Media und anderen öffentlichen Kanälen veranlassen

☐ Gegebenenfalls Spendenaufruf initiieren

☐ Bei öffentlicher Bekanntmachung (nach Einverständnis der Hinterbliebenen) gegebenenfalls professionelle Pressestelle oder externe PR-Unterstützung einschalten

---

Die Checkliste wurde in Anlehnung an die Handlungshilfe der Handwerkskammer Koblenz (2017) sowie an Proitera GmbH (o. J.) eigenhändig erstellt.

Literatur

Aschenbach, T. (2017, October 17). *Tod und Trauer am Arbeitsplatz: Was Firmen tun können, ist eine ganze Menge.* Trauer ist Leben. https://trauer-ist-leben.blogspot.com/2017/10/tod-und-trauer-am-arbeitsplatz-was.html. Zugegriffen am 29.10.2025.

Frankfurter Allgemeine Lebenswege. (o.J.). *Plötzlich und unerwartet: Ratgeber zur Trauer am Arbeitsplatz.* https://www.faz.media/traueranzeigen.de. Zugegriffen am 15.01.2025.

Garbade, S., & Kruck, D. (2023, May). *Krisen am Arbeitsplatz durch plötzliche Sterbefälle. Beitrag präsentiert auf der* Messe „Leben und Tod", Bremen, Deutschland.

Gewerkschaft vida. (o. J.). Muster-Betriebsvereinbarung zwischen Geschäftsleitung und Betriebsrat zum Thema Tod und Trauer am Arbeitsplatz [PDF]. https://www.vida.at/content/dam/vida/downloads/tatort-arbeitsplatz/Muster-BV-zw-Geschaeftsleitung-und-Betriebsrat-trauer.pdf

Gil Toja, T. P. (2020). *Trauer am Arbeitsplatz – Leitfaden zum Verstehen und Handeln.* Handwerkskammer Koblenz. https://www.hwk-koblenz.de/downloads/trauer-am-arbeitsplatz-leitfaden-zum-verstehen-und-handeln-52,1287.pdf

Handwerkskammer Koblenz. (2017, März). *Trauerbegleitung am Arbeitsplatz: Handlungshilfe mit Checkliste* [PDF].

Haus kirchlicher Dienste der Evangelisch-lutherischen Landeskirche Hannovers. (o.J.). *Handreichung für Unternehmen zum praktischen Umgang mit Todesfällen.* https://www.material-e.de/handreichung-fuer-unternehmen-zum-praktischen-umgang-mit-todesfaellen/12-350019. Zugegriffen am 15.11.2024.

Proitera GmbH. (o.J.). *Checkliste Todesfall.* https://proitera.ch/assets/content/proitera/dokumente/checkliste-trauerverarbeitung-de..pdf. Zugegriffen am 15.11.2024.

Redaktion Wirtschaftswissen. (2025, January 15). Nachruf auf einen verstorbenen Mitarbeiter schreiben – Muster & Beispiele. Wirtschaftswissen. https://www.wirtschaftswissen.de/unternehmensfuehrung/korrespondenz/so-informieren-sie-ueber-einen-todesfall/

Sächsisches Staatsministerium des Innern. (2022, October). *Hinweise für Hinterbliebene im Sterbefall.* [Faltblatt].

SIUS Consulting. (o.J.). *Leitfaden und Tipps zur Krisenkommunikation.* https://www.krisenmanagement.de/leitfaden-tipps-krisenkommunikation. Zugegriffen am 15.11.2024.

Sutor, P. (2020). *Trauer am Arbeitsplatz: Sprachlosigkeit überwinden – Fürsorgepflicht wahrnehmen – Trauerkultur entwickeln.* Patmos Verlag.

Welzel, U. (2016, February 10). *Trauer am Arbeitsplatz.* ARBEITSSCHUTZ digital. https://www.arbeitsschutzdigital.de/ce/trauer-am-arbeitsplatz-2/detail.html

Zimmermann, B. (2014). *Todesfall im Betrieb – das müssen Personaler beachten.* HR Today. https://www.hrtoday.ch/de/article/todesfall-im-betrieb-das-muessen-personaler-beachten

Zweite Phase – Trauerphase

3

Zusammenfassung

In diesem Kapitel wird auf die individuelle und kollektive Bewältigung von Trauer sowie auf den Hinterbliebenenkontakt eingegangen.

In dieser Phase steht neben dem weiteren Hinterbliebenenkontakt die gemeinsame Bewältigung der Trauer im Vordergrund.

Nach Abklingen der Akutphase, in der oft Schock vordergründig ist, setzt langsam das Realisieren der Situation ein, womit teils heftige und facettenreiche Emotionen einhergehen können.

Das Bundesamt für Bevölkerungsschutz und Katastrophenhilfe (BBK) bietet hilfreiche Informationsblätter zum Umgang mit belastenden Ereignissen an. Diese sind in zahlreichen Sprachen auf der Webseite des BBK als Download erhältlich und können dort zudem in gedruckter Form als Flyer kostenfrei bestellt werden (siehe Abschn. 8.3).

Legen Sie entsprechend der Zielgruppe Ihrer Organisation mehrere Exemplare gut sichtbar zur Mitnahme für die nächsten sechs Wochen aus.

Ergänzende Information Die elektronische Version dieses Kapitels enthält Zusatzmaterial, auf das über folgenden Link zugegriffen werden kann [https://doi.org/10.1007/978-3-658-51787-8_3].

3.1   Selbstfürsorge

Für die Mitglieder des Krisenstabs ist es von großer Bedeutung, auf Selbstfürsorge zu achten. Professionell zu handeln, ohne dabei die eigenen Bedürfnisse zu übergehen, ist eine Gratwanderung. Da dies für die innere und äußere Stabilität jedoch unabdingbar ist, sollten Sie regelmäßig Pausen einlegen und Raum für Selbstreflexion schaffen. Nehmen Sie emotionale Belastung ernst und verteilen Sie gegebenenfalls Aufgaben um.

Je nach Umständen des Todes können neben Schock und Trauer auch Schuldgefühle oder Fragen wie „Hätte ich anders handeln sollen?" oder „Hätte ich etwas bemerken müssen?" auftauchen. Kollegiale Beratung, Supervision oder generell der Austausch mit verständnisvollen Menschen kann eine deutliche Entlastung bewirken.

Aktivieren Sie besonders in diesen Zeiten Ihre Ressourcen – also die Dinge, die Ihnen im Allgemeinen guttun, Kraft und Halt spenden.

3.2   Mitarbeitendenfürsorge

Zeigen Sie Verständnis für geminderte Leistungsfähigkeit und signalisieren Sie den Mitarbeitenden auch im Verlauf der nächsten Wochen und Monate jederzeit Gesprächsbereitschaft. Beachten Sie stets die Hinweise zum Umgang mit trauernden Menschen (siehe Kap. 7). Bei Unsicherheiten können Trauerbegleitende gute Unterstützung für alle betroffenen Personen leisten (Sutor, 2020).

Geben Sie regelmäßig Informationen über aktuelle und geplante Schritte weiter und berücksichtigen Sie Anregungen der Mitarbeitenden, um eine gemeinsame und solidarische Bewältigung zu stärken.

3.3   Kontakt zu den Hinterbliebenen

Der Zeitpunkt, um einen ersten persönlichen Kontakt zu den Hinterbliebenen aufzunehmen, sollte nicht zu nah am Todestag, aber noch mit ausreichend Abstand zur Beisetzung liegen, um eine mögliche Teilnahme zu besprechen.

Ab ungefähr einer Woche nach dem Todesfall kann behutsam angefragt werden, ob ein Kondolenzbesuch durch eine Führungskraft oder andere vertraute Person gewünscht ist. Verabreden Sie sich andernfalls zu einem Telefonat für die Klärung der organisatorischen Belange.

Beachten Sie im Kontakt mit den Hinterbliebenen die Hinweise zum Umgang mit trauernden Menschen (siehe Kap. 7) und drücken Sie Ihr Beileid aus.

Erfragen Sie den Beisetzungstermin und ob die Anwesenheit von Kolleginnen und Kollegen erwünscht ist. Besprechen Sie außerdem, welche Beileidsbekundung willkommen ist, beispielsweise in Form eines Kranzes, einer Spende oder Blumen und bieten Sie, sofern möglich, finanzielle Unterstützung an.

Teilen Ihnen Hinterbliebene private Informationen mit, klären Sie bitte, welche davon im Team weitergegeben werden dürfen und welche vertraulich behandelt werden sollen (Garbade & Kruck, 2023).

Standen Mitarbeitende der verstorbenen Person oder auch dessen Familie besonders nahe, kann es passend sein, in Absprache eine persönliche Trauerrede zu halten. Ebenso können Sie den Hinterbliebenen möglichst konkrete (und umsetzbare) Hilfe anbieten.

Falls Ihre Organisation einen Nachruf veröffentlichen möchte, prüfen Sie das Einverständnis der Hinterbliebenen und stimmen Sie Inhalte sowie Zeitpunkt und Medium ab (siehe Abschn. 2.10.2, 10.3.2).

Vereinbaren Sie gegebenenfalls einen nächsten Termin, beispielsweise für die Rückgabe von Organisations-Eigentum und die Übergabe persönlicher Dinge vom Arbeitsplatz (Garbade & Kruck, 2023).

3.4 Interne Trauerbewältigung

Wird die Beerdigung nicht ausdrücklich im familiären Kreis begangen, sollte mindestens eine Führungskraft teilnehmen. Ermöglichen Sie auch dem Verstorbenen nahestehenden Kolleginnen und Kollegen die (freiwillige) Teilnahme an der Beisetzung und stellen Sie sie gegebenenfalls für den Termin frei (Schindler, 2012).

Des Weiteren ist es ratsam, in der Organisation eine Form des kollektiven Abschiednehmens unter Einbezug der Mitarbeitenden zu organisieren. Dies kann zum Beispiel klassisch im Rahmen einer Trauerfeier erfolgen. Die Veranstaltung kann gleichzeitig genutzt werden, um auf kreative Art gemeinsam ein bleibendes Andenken, wie ein Album oder eine Collage mit Fotos, Sprüchen, Zeichnungen oder weiteren Erinnerungen zu gestalten. Das öffnet zugleich den Raum für den Austausch vergangener Erlebnisse und Anekdoten, mit denen die verstorbene Person unvergessen bleiben wird.

Weitere Möglichkeiten zum Gedenken sind Ausflüge, die die Mitarbeitenden besonders mit ihr/ihm in Verbindung bringen. Das kann beispielsweise das gemeinsame nachgehen eines Hobbys sein, dem der verstorbene Mitarbeitende sich leidenschaftlich widmete oder der Besuch eines bestimmten Ortes, an dem er sich wohlfühlte. Ebenso kann es helfen, ein Projekt zu fördern, was der verstorbenen Person besonders wichtig war.

Eine weitere Idee ist das gemeinschaftliche Pflanzen eines Baumes oder die Anlage eines gedenkgartens, womit naturnahe Erinnerungen geschaffen werden können.

Eine Gedenkveranstaltung kann aber ebenso im Rahmen eines Spaziergangs, einer Wanderung oder bei einem Treffen in einem Restaurant stattfinden. Im Mittelpunkt steht vor allem der Austausch von Erinnerung und damit dem kollektiven Trauern Raum zu geben.

Überlegen Sie im Team, mit welcher Art des Gedenkens sich möglichst alle Kolleginnen und Kollegen wohlfühlen und wählen Sie gegebenenfalls eine Kombination aus verschiedenen Ideen.

▶ **Wichtig** Bitte bedenken Sie, dass nicht jeder Mitarbeitender zwangsläufig trauern *muss*.

Es kann Beschäftigte geben, die keine persönliche Bindung zur verstorbenen Person hatten oder dieser keine Sympathie entgegenbrachten. Ebenso ist möglich, dass ein konfliktbehaftetes Verhältnis bestand, wodurch sogar Erleichterung empfunden werden könnte. Diese und weitere individuelle Faktoren können dazu führen, dass verschiedene Reaktionen auftreten können.

Wichtig ist die Akzeptanz unterschiedlicher Empfindungen, gegenseitige Rücksichtnahme und ein respektvoller Umgang auf allen Seiten.

3.5   Checkliste – Trauerphase[1]

Im direkten Abschluss an die Akutphase
3.1. Selbstfürsorge
☐ Auf Selbstfürsorge aller im Prozess involvierten Personen achten
3.2. Mitarbeitendenfürsorge
☐ Flyer des Bundesamts für Bevölkerungsschutz und Katastrophenhilfe (BBK) auslegen
☐ Ehrliches und regelmäßiges Fragen nach dem Befinden der Mitarbeitenden
☐ Teamgeist für gemeinsame und solidarische Bewältigung stärken
☐ Regelmäßige Information über aktuelle und geplante Schritte geben
☐ Gegebenenfalls Beratung durch Trauerbegleitende einholen
3.3. Kontakt zu den Hinterbliebenen
☐ Kondolenzbesuch, wenn von den Hinterbliebenen erwünscht
☐ Abstimmung mit den Hinterbliebenen durchführen
☐ Beileidsbekundung organisieren
3.4. Interne Trauerbewältigung
☐ Bei Zustimmung der Hinterbliebenen die Mitarbeitenden über Beisetzungstermin informieren, Teilnahme ermöglich und gegebenenfalls freistellen
☐ Gedenkveranstaltung organisieren

Die Checkliste wurde in Anlehnung an die Handlungshilfe der Handwerkskammer Koblenz (2017) sowie an Proitera GmbH (o. J.) eigenhändig erstellt.

Literatur

Garbade, S., & Kruck, D. (2023, May). *Krisen am Arbeitsplatz durch plötzliche Sterbefälle. Beitrag präsentiert auf der* Messe „Leben und Tod", Bremen, Deutschland.

Handwerkskammer Koblenz. (2017, März). *Trauerbegleitung am Arbeitsplatz: Handlungshilfe mit Checkliste* [PDF].

---

[1] Checkliste Trauerphase © Dietze 2026.

Proitera GmbH. (o.J.). *Checkliste Todesfall*. https://proitera.ch/assets/content/proitera/dokumente/checkliste-trauerverarbeitung-de..pdf. Zugegriffen am 15.11.2024.

Schindler, H. (2012). *Die große Sprachlosigkeit*. PersonalMagazin. https://trauma-am--Arbeitsplatz.de/wp-content/uploads/Trauer-am-Arbeitsplatz-PersonalMagazin-.pdf. Zugegriffen am 15.01.2025.

Sutor, P. (2020). *Trauer am Arbeitsplatz: Sprachlosigkeit überwinden – Fürsorgepflicht wahrnehmen – Trauerkultur entwickeln*. Patmos Verlag.

Dritte Phase – Abschlussphase

4

Zusammenfassung

In diesem Kapitel werden organisatorische Maßnahmen zur Gestaltung eines achtsamen Prozessabschlusses sowie der Neuausrichtung dargestellt.

Betroffenheit, Trauer und andere Emotionen begleiten nach einem Todesfall häufig über einen längeren Zeitraum und sind ein normaler Teil der Verarbeitung. Dennoch ist es wichtig, die Rückkehr zu einem stabilen Arbeitsalltag zu finden. Ein geeigneter Zeitpunkt, um einen Übergang einzuleiten, liegt ungefähr vier Wochen nach dem Todesfall oder kurz nach der internen Gedenkveranstaltung. Die nachfolgenden Inhalte stellen dar, wie ein achtsamer Abschluss gestaltet werden kann, bei dem der Fokus auf die Zukunft gelenkt wird und die verstorbene Person dennoch einen würdigen Platz finden kann (Haus kirchlicher Dienste der Evangelisch-lutherischen Landeskirche Hannovers, o. J.).

Ergänzende Information Die elektronische Version dieses Kapitels enthält Zusatzmaterial, auf das über folgenden Link zugegriffen werden kann [https://doi.org/10.1007/978-3-658-51787-8_4].

4.1   Schließung des Gedenkorts

Unter Einbezug der Mitarbeitenden kann die offizielle Schließung des Gedenkorts erfolgen (Haus kirchlicher Dienste der Evangelisch-lutherischen Landeskirche Hannovers, o. J.).

Weisen Sie darauf hin, dass die Trauer dennoch weiterhin Bestand haben darf.

4.2   Räumung des Arbeitsplatzes und Übergabe Kondolenz

Bei der Räumung des Arbeitsplatzes des verstorbenen Mitarbeitenden ist ebenfalls auf Transparenz zu achten. Kündigen Sie rechtzeitig an, wann dies erfolgt, wer die Aufgabe übernimmt und was mit den Dingen geschieht (Aschenbach, 2017; Garbade & Kruck, 2023). Bei der Durchführung muss auf einen behutsamen Umgang mit den Gegenständen und die Verwendung eines angemessenen Behältnisses geachtet werden, was für die Übergabe an die Hinterbliebenen geeignet ist (Gewerkschaft vida, o. J.). Es ist auch möglich, diese in die Räumung einzubeziehen, sofern gewünscht. Vereinbaren Sie zudem, wann und wie die Rückgabe von Firmeneigentum erfolgt, falls erforderlich.

In diesem Zuge bietet es sich an, die Beleidsbekundungen der Mitarbeitenden den Hinterbliebenen zu überreichen.

4.3   Aufgabenneuverteilung und Nachbesetzung der Stelle

Die vorherigen Aufgaben des verstorbenen Mitarbeitenden sollten nun komplett neu verteilt werden. Besprechen Sie die Nachbesetzung der Stelle und/oder des Arbeitsplatzes im Team und passen Sie bei Bedarf die Sitzordnung neu an. Erfolgt eine externe Einstellung, informieren Sie die neue Person sensibel über den vorausgegangenen Todesfall für ein besseres Verständnis der Situation.

4.4   Abschließende administrative Aufgaben

Löschen Sie den verstorbenen Mitarbeitenden aus den Verzeichnissen, beispielsweise aus dem Intranet, Organigramm und Verteilern. Deaktivieren Sie den E-Mailaccount und nehmen Sie gegebenenfalls Anpassungen digitaler Auftritte vor (siehe Abschn. 2.10.2).

4.5   Entlastung aller Beteiligten

Danken Sie offiziell allen am Prozess beteiligten Personen (Haus kirchlicher Dienste der Evangelisch-lutherischen Landeskirche Hannovers, o. J.).

Achten Sie weiterhin auf Selbstfürsorge und die interne Trauerbewältigung.

4.6   Erinnerung erhalten

Schaffen Sie gemeinsam an einem geeigneten Platz eine Form des Gedenkens, zum Beispiel durch ein Bild oder ein Symbol, was an die Person erinnert.

Lassen Sie den Kontakt zu den Hinterbliebenen nicht plötzlich abbrechen. Erkundigen Sie sich von Zeit zu Zeit nach dem Befinden oder nach Unterstützungsbedarf. Gern gesehen sind kleine Gesten, wie Blumen oder eine Karte zu Jahrestagen oder besonderen Feiertagen. Damit zeigen Sie den Hinterbliebenen, dass der verstorbene Mitarbeitende nicht vergessen ist und weiterhin wertgeschätzt wird.

Auch innerhalb Ihrer Organisation ist es eine wertvolle Geste, ein Gedenken am Geburts- und/oder Todestag durchzuführen, beispielsweise durch eine kleine Ansprache mit Schweigeminute oder dem Besuch der Grabstelle.

Mithilfe von Kalendereinträgen können Sie sich Erinnerungen an die Gedenktage erstellen. Berücksichtigen Sie dabei gegebenenfalls einen entsprechenden Vorlauf für etwaige Vorbereitungen oder die Postlaufzeit (Aschenbach, 2017).

4.7   Checkliste – Abschlussphase[1]

Ungefähr 4 Wochen nach dem Todesfall

Abschließende Schritte (unter Einbezug der Mitarbeitenden):

4.1. Schließung des Gedenkorts

☐ Offizielle Schließung des Gedenkorts mit entsprechender Kommunikation

4.2. Räumung des Arbeitsplatzes und Übergabe Kondolenz

☐ Räumung des Arbeitsplatzes

☐ Rückgabe Firmeneigentum mit Hinterbliebenen vereinbaren

☐ Hinterbliebenen persönliche Sachen und Kondolenz übergeben

4.3. Aufgabenneuverteilung und Nachbesetzung der Stelle

☐ Alle Aufgaben des verstorbenen Mitarbeitenden neu verteilen

☐ Nachbesetzung der Stelle / des Arbeitsplatzes im Team besprechen und gegebenenfalls Sitzordnung neu anpassen

4.4. Abschließende administrative Aufgaben

☐ Entfernung des verstorbenen Mitarbeitenden aus internen Verzeichnissen und Verteilern

☐ E-Mailaccount deaktivieren

☐ Gegebenenfalls erneute Anpassungen auf Internetauftritten veranlassen

4.5. Entlastung aller Beteiligten

☐ Offizieller Dank an alle am Prozess beteiligten Personen

4.6. Erinnerung erhalten

☐ Form des Gedenkens schaffen (zum Beispiel durch Bild oder Symbol)

☐ Reminder einrichten, um Kontakt zu den Hinterbliebenen zu halten

☐ Reminder einrichten, die daran erinnern, kleine Geste an Jahrestagen oder besonderen Feiertagen gegenüber den Hinterbliebenen zu zeigen

☐ Reminder für das Gedenken mit der Belegschaft an Geburts- und/oder Todestag einrichten

---

[1] Checkliste Abschlussphase © Dietze 2026. All rights reserved.

Die Checkliste wurde in Anlehnung an die Handlungshilfe der Handwerkskammer Koblenz (2017) sowie an Proitera GmbH (o. J.) eigenhändig erstellt.

Literatur

Aschenbach, T. (2017, October 17). Tod und Trauer am Arbeitsplatz: Was Firmen tun können, ist eine ganze Menge. Trauer ist Leben. https://trauer-istleben. blogspot.com/2017/10/tod-und-trauer-am-arbeitsplatz-was.html. (Zugegriffen am 29.10.2025)

Garbade, S., & Kruck, D. (2023, May). Krisen am Arbeitsplatz durch plötzliche Sterbefälle. Beitrag präsentiert auf der Messe „Leben und Tod", Bremen, Deutschland.

Gewerkschaft vida. (o. J.). Muster-Betriebsvereinbarung zwischen Geschäftsleitung und Betriebsrat zum Thema Tod und Trauer am Arbeitsplatz [PDF]. https://www.vida.at/content/dam/vida/downloads/tatort-arbeitsplatz/Muster-BV-zw-Geschaeftsleitung-und-Betriebsrat-trauer.pdf

Handwerkskammer Koblenz. (2017, März). *Trauerbegleitung am Arbeitsplatz: Handlungshilfe mit Checkliste* [PDF].

Haus kirchlicher Dienste der Evangelisch-lutherischen Landeskirche Hannovers. (o. J.). Handreichung für Unternehmen zum praktischen Umgang mit Todesfällen. https://www.material-e.de/handreichung-fuer-unternehmen-zum-praktischen-umgang-mit-todesfaellen/12-350019. Zugegriffen: 15. November 2024.

Proitera GmbH. (o. J.). *Checkliste Todesfall.* https://proitera.ch/assets/content/proitera/dokumente/checkliste-trauerverarbeitung-de.pdf. Zugegriffen am 15.11.2024.

Besonderheit: Tod einer obersten Leitungsperson

5

Zusammenfassung

Dieses Kapitel gibt Hinweise für den Fall des Versterbens einer Person der obersten Leitung und verweist in der Checkliste auf einzelne Maßnahmen, die der Orientierung dienen können.

Ergänzend zu den beschriebenen Inhalten der Akut-, Trauer- und Abschlussphase sind nach offizieller und bestätigter Information über den Tod einer Person des obersten Managements weitere organisatorische Aufgaben zu beachten. Hierbei kommt es jedoch auf die bestehende Rechtsform und den individuellen Einzelfall an. Anhaltspunkte zur Orientierung für entsprechende Maßnahmen finden Sie in der Checkliste 5.1.

Insgesamt ist es jedoch ratsam, frühzeitig eine arbeitsrechtliche Beratung in Anspruch zu nehmen, um sicherzustellen, dass alle spezifisch relevanten Aspekte Berücksichtigung finden.

Zur Aufrechterhaltung des Geschäftsbetriebs ist grundsätzlich zu empfehlen, schnellstmöglich eine interimistische oder kommissarische Leitung zur Übernahme vorübergehender Führungsfunktion einzusetzen, sofern keine bereits feststehende Nachfolgeregelung mit rechtlicher Wirksamkeit besteht.

Daneben ist eine transparente und einfühlsame Kommunikation gegenüber den Mitarbeitenden gefordert, da diese Situation existenzielle Ängste, wie finanzielle Not oder drohenden Arbeitsplatzverlust, auslösen kann.

Ergänzende Information Die elektronische Version dieses Kapitels enthält Zusatzmaterial, auf das über folgenden Link zugegriffen werden kann [https://doi.org/10.1007/978-3-658-51787-8_5].

5.1   Checkliste – Tod einer obersten Leitungsperson[1]

Tag 1–3

- ☐ Interne Entscheidungsträger benachrichtigen (zum Beispiel Vorstand, Gesellschafter, Aufsichtsrat)
- ☐ Prüfen, wer laut Gesetz bzw. Gründungsdokument aktuell vertretungsberechtigt ist (zum Beispiel stellvertretender Vorstand, Prokuristen, weiterer Geschäftsführender)
- ☐ Falls niemand vorhanden, beim Gericht Notvorstand / Notgeschäftsführende beantragen, um Handlungsfähigkeit sicherzustellen
- ☐ Nachfolgeregelungen anhand Gründungsdokument (zum Beispiel Satzung, Gesellschaftsvertrag, Geschäftsordnung) prüfen und beachten

Interne und externe Kommunikation:

- ☐ Festlegen, welche Person die interne und externe Kommunikation übernimmt
- ☐ Ansprechperson für externe Stellen benennen (zum Beispiel Bank, Behörden, Vertragspartnerinnen und Vertragspartner)
- ☐ Interne Kommunikation an Mitarbeitende vornehmen
- ☐ Externe Kommunikation vorbereiten an:
    - o Geschäftspartnerinnen und Geschäftspartner, Kunden, Lieferanten und andere relevanten Interessengruppen
    - o Banken, Behörden, Versicherungen
    - o Gegebenenfalls Pressemitteilung in Abstimmung mit Public Relations (PR) / Rechtsabteilung
- ☐ Nachfolge / Interimslösung zeitnah bekanntgeben
- ☐ Gegebenenfalls Steuerbüro und/oder Notar informieren
- ☐ Nach Klärung der Kontovollmachten Banken informieren, um Konten und Zahlungen zu sichern

Woche 1–2

- ☐ Transparenz gegenüber den Mitarbeitenden über aktuelle Maßnahmen und geplante Schritte, um Unsicherheiten zu verringern und gegebenenfalls aktiv einbinden
- ☐ Neue Leitungsperson bestellen oder Wahl einleiten (Mitgliederversammlung, Gesellschafterversammlung, Aufsichtsrat etc.)
- ☐ Unterschriftenregelungen / Vollmachten / Prokura prüfen und aktualisieren
- ☐ Sicherstellen, dass laufende Zahlungen (Löhne, Mieten, Steuern) weitergeführt werden
- ☐ Prüfen, ob wichtige Verträge (zum Beispiel Arbeitsverträge, Lieferanten) handlungsbedürftig sind

---

<table>
<tr><td>

☐ Fortführung laufender Projekte sicherstellen

☐ Versicherung informieren

☐ Gegebenenfalls Finanzamt informieren

☐ Zuständiges Register über Tod der Person informieren (und gegebenenfalls bereits neue Vertretung anmelden)

☐ Gegebenenfalls zuständige Kammer / Berufsverband zur Aktualisierung der Stammdaten informieren

☐ Gegebenenfalls Aufsichtsbehörde informieren

☐ Informationsveranstaltung für Mitarbeitende oder interne Mitteilung zum weiteren Verlauf

</td></tr>
<tr><td>

Monat 1–3

</td></tr>
<tr><td>

☐ Interimsführung beenden, wenn neue Leitung bestellt

☐ Dauerhafte Nachfolge intern bekanntgeben und umsetzen

☐ Dauerhafte Nachfolge allen externen Stakeholder bekanntgeben

☐ Eintragung im Handelsregister vornehmen lassen

☐ Meldung an zuständigen Unfallversicherungsträger, gegebenenfalls an Sozial- und Rentenversicherung

☐ Gegebenenfalls Key-Person-Versicherung abschließen

☐ Anpassungen von Geschäftskorrespondenz, Firmeninternetseite (Impressum), Vertragsunterlagen, Rechnungen, Broschüren, Social Media, usw. vornehmen

</td></tr>
</table>

Die Checkliste wurde in Anlehnung an Berude et al. (2025) sowie an Proitera GmbH (o. J.) eigenhändig erstellt.

Literatur

Berude, A., Mikulsky, T., & Rammrath, M. (2025). *Notfall-Handbuch für Unternehmen: Wichtige Informationen bei Ausfall der Unternehmensleitung* (3. Aufl.) [PDF]. Handelskammer Hamburg.

Proitera GmbH. (o.J.). *Checkliste Todesfall.* https://proitera.ch/assets/content/proitera/dokumente/checkliste-trauerverarbeitung-de.pdf. Zugegriffen am 15.11.2024.

Evaluation

6

Zusammenfassung

Dieses Kapitel skizziert Inhalte, die nach Anwendung der beschriebenen Maßnahmen zur Reflexion des Prozesses dienen können. Es werden Anregungen zur Bewertung und für mögliche Verbesserungen der Vorgehensweise dargestellt.

Zur Verbesserung und Sicherung der Qualität ist es ratsam, ungefähr drei Monate nach Eintritt des Todesfalls auf das Vorgehen zurückzublicken.

Binden Sie neben den am Prozess beteiligten Personen auch hier die Belegschaft ein und fragen Sie die Mitarbeitenden nach einem Feedback, woraus ebenfalls wertvolle Erkenntnisse gewonnen werden können.

Dokumentieren Sie eventuell notwendige Anpassungen und arbeiten Sie diese in Ihrem organisationsspezifischen Notfallplan ein (Proitera GmbH, (n.d.).; SIUS Consulting, (n.d.).).

Mögliche Reflexionsinhalte:

- **Lesson learned:** Was waren besondere Erkenntnisse? Wie können diese für die Zukunft genutzt werden?
- **Herausforderungen:** Gab es Schwierigkeiten bei der praktischen Umsetzung? Wenn ja, an welcher Stelle?
- **Verbesserungspotenzial:** Welche Teile des Leitfadens können optimiert werden? Gibt es sinnvolle Ergänzungen? Waren die Inhalte verständlich beschrieben?

© Der/die Autor(en), exklusiv lizenziert an Springer Fachmedien
Wiesbaden GmbH, ein Teil von Springer Nature 2026
S. Dietze, *Trauermanagement in Organisationen*, essentials,
https://doi.org/10.1007/978-3-658-51787-8_6

- **Positive Erfahrungen:** Welche Aspekte haben besonders gut funktioniert?
- **Feedback:** Wie haben am Prozess beteiligte das Vorgehen erlebt? Welche Rückmeldung gibt es von der Belegschaft und den Hinterbliebenen?

Leiten Sie daraus entsprechende Maßnahmen mit konkreter Terminsetzung und Zuweisung von Verantwortlichen ab, um für zukünftige Ereignisse noch besser vorbereitet zu sein.

Literatur

Proitera GmbH. (n.d.). Checkliste Todesfall. https://proitera.ch/assets/content/proitera/dokumente/checklistetrauerverarbeitung-de.pdf. Zugegriffen: 15. November 2024.

SIUS Consulting. (n.d.). Leitfaden und Tipps zur Krisenkommunikation. https://www.krisenmanagement.de/leitfaden-tipps-krisenkommunikation. Zugegriffen: 15. November 2024.

Umgang mit trauernden Menschen

Zusammenfassung

Nachfolgend werden Hinweise gegeben, wie grundsätzlich ein sensibler Umgang mit trauernden Menschen gelingen kann. Zudem ist beschrieben, welche Maßnahmen im Arbeitsumfeld vonseiten der Führungskraft und des Teams unterstützend wirken können, wenn Mitarbeitende einen persönlichen Verlust erlebt haben. Dies beinhaltet auch eine mögliche Gestaltung der Rückkehr an den Arbeitsplatz nach Abwesenheit durch Trauer.

Für viele Menschen ist es eine große Herausforderung, auf Trauernde zuzugehen. Bei besonderen Todesumständen, wie bei einem Tod durch Suizid oder bei dem Verlust eines ungeborenen Kindes, kann die Überwindung noch höher sein. Aus Unsicherheit führt das häufig zum Ausbleiben einer Reaktion, was aber genauso schmerzhaft sein kann, wie eine unpassende Antwort.

In Schulungen oder Workshops können Führungskräfte – und idealerweise auch Mitarbeitende – zum Umgang mit Tod, Trauer und Krisen sensibilisiert werden.

Oft reicht jedoch schon ein kleiner Schritt, um Sprachlosigkeit zu überwinden und Trauernden das Gefühl zu vermitteln, nicht allein zu sein.

7.1 Allgemeine Hinweise zum Umgang mit Trauernden

Die nachfolgenden Grundsätze können nicht nur im Arbeitskontext angewandt werden, sondern bieten grundsätzlich eine gute Orientierung für ein einfühlsames und angemessenes Verhalten gegenüber Trauernden.

© Der/die Autor(en), exklusiv lizenziert an Springer Fachmedien
Wiesbaden GmbH, ein Teil von Springer Nature 2026
S. Dietze, *Trauermanagement in Organisationen*, essentials,
https://doi.org/10.1007/978-3-658-51787-8_7

Hilfreich

- Der trauernden Person mit Offenheit begegnen
- Zuhören oder Gesellschaft anbieten (zum Beispiel Spaziergang, Kaffeetrinken)
- Ablehnung von Hilfs- oder Gesprächsangeboten akzeptieren
- Eigene Unsicherheiten offen mitteilen, wenn vorhanden
- Bedürfnisse der trauernden Person erspüren oder aktiv nachfragen
- Tränen und Schweigen aushalten – es gibt manchmal keine passenden Worte
- Verständnis für Trauerreaktionen und den Umgang mit dem Verlust haben
- (Konkrete) Hilfsangebote unterbreiten
- Auch über die akute Trauerphase hinaus Unterstützung leisten

Nicht hilfreich

- Kontakt zur trauernden Person oder die Thematik vermeiden
- Sich der trauernden Person aufdrängen
- Floskeln oder Plattitüden verwenden
- Verschiedene Verlusterfahrungen vergleichen
- Bewerten/urteilen oder sogar beschuldigen
- Unerwünschte Ratschläge geben
- Erwartungen bzgl. Trauerprozess und -reaktionen
- Zusagen tätigen, die nicht eingehalten werden können
- Schnelle Abnahme von Gesprächs- und Hilfsangeboten

Trauerverarbeitung erfordert viel Kraft und verläuft oft unregelmäßig. Der Prozess ist eine zutiefst persönliche Erfahrung, für die es weder allgemein verbindliche Regeln noch eine feste Phasenabfolge gibt. Die Verarbeitung kann sich über einen längeren Zeitraum erstrecken und durch erhebliche Unregelmäßigkeiten gekennzeichnet sein. Rückschläge, die besonders an Jahrestagen oder Erinnerungsmomenten auftreten können, sind nicht ungewöhnlich. Bleiben Sie daher auch nach längerer Zeit bei Verhaltensänderungen wachsam (Frankfurter Allgemeine Lebenswege, o. J.; Garbade & Kruck, 2023; Gil Toja, 2020; Haus kirchlicher Dienste der Evangelisch-lutherischen Landeskirche Hannovers, n.d.; Sutor, 2020).

▶ **Wichtig**   Trauer kann sich auf vielfältige Weise zeigen und ist nicht immer äußerlich sichtbar. Das bedeutet jedoch nicht, dass jemand nicht trauert oder weniger Unterstützung benötigt.

Beachten Sie, dass ein Todesfall im Umfeld oft auch eigene Verlusterfahrungen berührt und damit unerwartete Reaktionen auslösen kann. Es ist ratsam, sich mit den persönlichen Gedanken und Gefühlen zu Sterben und Trauer auseinanderzusetzen (Sutor, 2020).

7.2   Umgang mit trauernden Mitarbeitenden

Hat ein Mitarbeitender einen persönlichen Verlust erlitten, wird unter Berücksichtigung der allgemeinen Hinweise zum Umgang mit Menschen in Trauer die zeitnahe und respektvolle Anteilnahme durch die Führungskraft empfohlen.

Für die akute Phase ist zudem die Gewährung einer Freistellung – entweder bezahlt oder unbezahlt – anzuraten. Erhalten Sie den Kontakt auch während der Abwesenheit durch Trauer aufrecht (Gil Toja, 2020; Sutor, 2020).

Besprechen Sie darüber hinaus mit der betroffenen Person, welche Informationen im Team weitergegeben werden dürfen und welche vertraulich behandelt werden sollen.

Rückkehr an den Arbeitsplatz nach längerer Abwesenheit

Während manche Menschen es als hilfreich empfinden, bereits nach kurzer Zeit an den Arbeitsplatz zurückzukehren, benötigen andere mehr Zeit und Abstand, bevor sie sich dazu bereit fühlen. Es gibt keine allgemeingültigen Regelungen – wie lange eine Auszeit sinnvoll ist, hängt vom individuellen Empfinden des Trauernden ab.

Als Führungskraft können Sie durch Verständnis, offene Kommunikation und flexible Unterstützung dazu beitragen, dass trauernde Mitarbeitende Halt finden (Garbade & Kruck, 2023) und gestärkt ihren Weg gehen.

Vor der Wiederaufnahme der Tätigkeit ist ein rechtzeitiger Austausch zwischen Führungskraft und der betroffenen Person über individuelle Wünsche, machbare Lösungen und mögliche Grenzen ratsam.

Eine vorübergehende Anpassung der Arbeitsgestaltung (sofern gewünscht), kann beispielsweise erfolgen durch (Gil Toja, 2020; Sutor, 2020):

- Flexible oder reduzierte Arbeitszeiten
- Stufenweise Wiedereingliederung
- Vorübergehende Entlastung durch veränderte Aufgabengebiete
- Telearbeit oder mobiles Arbeiten
- Bereitstellung eines Einzelbüros oder Rückzugsorts für Momente der Trauer

Die Rückkehr an den Arbeitsplatz kann für Trauernde sowie für Vorgesetzte und Kolleginnen und Kollegen jedoch eine Herausforderung darstellen. Um den Wiedereinstieg für alle Beteiligten zu erleichtern, empfiehlt es sich daher, im Vorfeld zu klären, welchen Umgang die/der Trauernde bevorzugt: Möchte sie/er offen darüber sprechen oder soll das Thema lieber gemieden werden? Gemeinsame Vereinbarungen oder Signale – etwa wann Gespräche gewünscht sind oder wann Ruhe benötigt wird – können dazu beitragen, eine verlässliche und sichere Atmosphäre für alle zu schaffen (Aschenbach, 2017; Sutor, 2020).

Vorgesetzte und das Team können weiterhin unterstützen, indem sie (Gil Toja, 2020; Schroeter-Rupieper & Bauerdick, 2024; Sutor, 2020):

- Ein Arbeitsumfeld schaffen, in dem Trauer ihren Raum haben darf
- Gemeinsam Lösungen zur optimalen Arbeitsgestaltung finden
- Rücksicht bei geminderter Leistungsfähigkeit zeigen
- Bedürfnisse aktiv erfragen: „Was tut dir gerade gut?" oder „Wie kann ich dich unterstützen?"
- Offen für Gespräche bleiben, auch über die akute Trauerphase hinaus
- Kleine Gesten zeigen, zum Beispiel einen Blumenstrauß auf den Schreibtisch stellen oder andere Zeichen der Verbundenheit, für die keine großen Worte nötig sind
- Im Verlauf der Trauer gemeinsam der Frage nachgehen, ob andere Formen des Umgangs gewünscht sind

Literatur

Aschenbach, T. (2017, October 17). Tod und Trauer am Arbeitsplatz: Was Firmen tun können, ist eine ganze Menge. Trauer ist Leben. https://trauer-ist-leben.blogspot.com/2017/10/tod-und-trauer-am-arbeitsplatz-was.html. Zugegriffen: 129. Oktober 2025.

Frankfurter Allgemeine Lebenswege. (o.J.). *Plötzlich und unerwartet: Ratgeber zur Trauer am Arbeitsplatz.* https://www.faz.media/traueranzeigen.de. Zugegriffen am 15.01.2025.

Garbade, S., & Kruck, D. (2023, May). *Krisen am Arbeitsplatz durch plötzliche Sterbefälle. Beitrag präsentiert auf der* Messe „Leben und Tod", Bremen, Deutschland.

Gil Toja, T. P. (2020). Trauer am Arbeitsplatz – Leitfaden zum Verstehen und Handeln. Handwerkskammer Koblenz. https://www.hwk-koblenz.de/downloads/trauer-am-arbeitsplatz-leitfaden-zum-verstehen-und-handeln-52,1287.pdf. Zugegriffen: 15. November 2024.

Haus kirchlicher Dienste der Evangelisch-lutherischen Landeskirche Hannovers. (n.d.). Handreichung für Unternehmen zum praktischen Umgang mit Todesfällen. https://www.material-e.de/handreichung-fuerunternehmen-zum-praktischen-umgang-mit-todesfaellen/12-350019. Zugegriffen: 15. November 2024.

Schroeter-Rupieper, M., & Bauerdick, B. (Hosts). (2024, June 7). *Trauer am Arbeitsplatz* [Audio podcast episode]. *Todesmutig.* https://www.podcast.de/episode/634025302/trauer-am-arbeitsplatz. Zugegriffen: October 28, 2025.

Sutor, P. (2020). *Trauer am Arbeitsplatz: Sprachlosigkeit überwinden – Fürsorgepflicht wahrnehmen – Trauerkultur entwickeln.* Patmos Verlag.

Unterstützung bei der Trauerbewältigung

8

Zusammenfassung

Dieses Kapitel gibt eine Übersicht vielfältiger Angebote zur Unterstützung von trauernden Menschen und deren Umfeld.

Trauer ist ein natürlicher und wichtiger Prozess nach einem Verlust. Viele Menschen finden ihren eigenen Weg, um diese zu bewältigen. Sollten Sie jedoch das Gefühl haben, dass die Belastung bei einem Trauernden zu groß wird, machen Sie ihn behutsam auf Unterstützungsmöglichkeiten aufmerksam, von denen nachfolgend eine Auswahl aufgeführt ist. Bieten Sie dabei idealerweise konkrete Kontaktdaten sowie Angebote aus Ihrer Region an.

8.1 Anlaufstellen für Trauernde

- Externe Dienstleistungsangebote, zum Beispiel „Betriebliche Sozialberatung" oder Employee Assistance Program (EAP)
- Betriebsärztinnen und Betriebsärzte
- Supervisoren
- Fachkräfte für Trauerbegleitung
- Trauergruppen/Trauercafés
- Seelsorge und kirchliche Angebote
- Hospize und palliative Einrichtungen

© Der/die Autor(en), exklusiv lizenziert an Springer Fachmedien Wiesbaden GmbH, ein Teil von Springer Nature 2026
S. Dietze, *Trauermanagement in Organisationen*, essentials,
https://doi.org/10.1007/978-3-658-51787-8_8

- Telefonseelsorge (0800 111 0 111, 0800 111 0 222 oder 116123)
- Elterntelefon (0800 111 0 550)
- Kinder- und Jugendtelefon (11 61 11)
- Therapeutische Unterstützung – Vermittlung bzw. Suche über:
  - Kassenärztliche Bundesvereinigung per Telefon unter 116117 oder unter https://arztsuche.116117.de/
  - Bundespsychotherapeutenkammer (BPtK) https://www.bptk.de/patient-innen/
  - Psychotherapie bei Arbeits-/Wegeunfällen https://diva-online.dguv.de/diva-online/
  - Mut fördern e.V. https://mut-foerdern.de/
  - Krisendienste der Städte (regional unterschiedlich verfügbar)

8.2   Online-Beratung und Austausch

- Individuelle Unterstützung für Trauernde und Hinterbliebene, beispielsweise über:
  - www.via-trauerbegleitung.de/online-beratung.html
  - www.caritas.de/hilfeundberatung/onlineberatung/trauerberatung/trauerberatung
- Für Trauernde bis 49 Jahre nach dem Tod des Lebenspartners oder der Lebenspartnerin sowie für Trauernde bis 27 Jahre nach dem Tod von Vater oder Mutter oder beider Elternteile: https://www.nicolaidis-youngwings.de/
- Begleitung und Beratung für Jugendliche und junge Erwachsene nach Verlust- und Trauererfahrungen oder anderen Krisen, zum Beispiel über:
  - www.da-sein.de
  - www.doch-etwas-bleibt.de
- Online-Austausch für Menschen und Familien nach dem Verlust eines Kindes: www.veid.de
- Online-Gesprächsgruppen für Suizidbetroffene: https://www.agus-selbsthilfe.de/online-angebote/online-gespraechsgruppen
- Weitere kostenfreie Anlaufstellen zu finden unter: www.trauer-now.de/hilfe-finden

8.3   Informationsblatt des Bundesamts für Bevölkerungsschutz und Katastrophenhilfe (BBK)

Das Informationsblatt des BBK enthält Hinweise zum Umgang mit belastenden Ereignissen und ist in mehreren Sprachen verfügbar.

Auf der offiziellen Webseite kann in der Mediathek der kostenfreie Download oder die Bestellung als Faltblatt für verschiedene Zielgruppen erfolgen:

- Information für Betroffene: „Mit belastenden Ereignissen umgehen"
- Informationen für Jugendliche: „Wenn du ein Unglück miterlebt hast ...“
- Information für Eltern und Angehörige: „Wenn Kinder ein Unglück miterleben ...“

8.4   Informationsmaterial rund um Suizid

Auf der Webseite von AGUS e.V. (www.agus-selbsthilfe.de) sind neben umfassenden Informationen zum Thema auch kostenfreie Broschüren und Flyer erhältlich. Zudem finden Sie auf der Webseite diverse Literaturvorschläge zum gesamten Themenkomplex.

Literatur

Bundesamt für Bevölkerungsschutz und Katastrophenhilfe. (2015a). *Mit belastenden Ereignissen umgehen – Informationen für Betroffene* [PDF]. Bundesamt für Bevölkerungsschutz und Katastrophenhilfe. https://www.bbk.bund.de/SharedDocs/Downloads/DE/Mediathek/Publikationen/NOAH/MitbelastendenEreignissenumgehenallgemeineInfoA4.pdf?__blob=publicationFile

Bundesamt für Bevölkerungsschutz und Katastrophenhilfe. (2015b). *Wenn du ein Unglück miterlebt hast ... Informationen für Jugendliche* [PDF]. Bundesamt für Bevölkerungsschutz und Katastrophenhilfe. https://www.bbk.bund.de/SharedDocs/Downloads/DE/Mediathek/Publikationen/NOAH/Wenn-du-ein-Unglueck-miterlebt-hast-Info-A4.pdf?__blob=publicationFile&v=6

Bundesamt für Bevölkerungsschutz und Katastrophenhilfe. (2015c). *Wenn Kinder ein Unglück miterleben – Informationen für Eltern und Angehörige* [PDF]. Bundesamt für Bevölkerungsschutz und Katastrophenhilfe. https://www.bbk.bund.de/SharedDocs/Downloads/DE/Mediathek/Publikationen/NOAH/Wenn_Kinder_ein_Unglueck_miterleben_BuergerinfoA4.pdf?__blob=publicationFile&v=7

Unterstützende Maßnahmen für Führungskräfte und Trauerfall-Verantwortliche 9

Zusammenfassung

In diesem Kapitel werden Möglichkeiten aufgezeigt, mit denen bereits im Vorfeld vielfältige Maßnahmen ergriffen werden können, um Prozessverantwortliche auf eine entsprechende Situation vorzubereiten, sie zu entlasten und die Verantwortung breiter zu verteilen.

Die Bewältigung eines Trauerfalls am Arbeitsplatz ist ein anspruchsvoller und umfassender Prozess, der mit erheblichem Zeitaufwand und emotionaler sowie organisatorischer Komplexität verbunden ist.

Besonders im Vorfeld ermöglichen gezielte Maßnahmen, Entlastungen zu schaffen und die Verantwortung breiter zu verteilen.

Ergänzende Information Die elektronische Version dieses Kapitels enthält Zusatzmaterial, auf das über folgenden Link zugegriffen werden kann [https://doi.org/10.1007/978-3-658-51787-8_9].

9.1   Material bevorraten

Um sich im konkreten Ereignisfall auf die wesentlichen Aufgaben konzentrieren und schnell handeln zu können, ist es ratsam, Material für den Trauerfall bereits im Vorfeld zu besorgen.

In einer „Trauerkiste", die an einem bekannten und zugänglichen Ort aufbewahrt wird, können entsprechende Dinge vorgehalten werden. Dafür eignen sich beispielsweise:

- LED-Kerze inklusive Batterien
- Bilderrahmen für das Foto des Verstorbenen
- Taschentücher
- Hochwertige Trauerkarten
- Kondolenzbuch oder
- Hochwertiges Briefpapier, passende Briefumschläge und Briefbox
- Stifte
- Stoffe/Tücher oder Platzset
- Symbolische Objekte
- BBK-Flyer zum Umgang mit belastenden Ereignissen (siehe Abschn. 8.3)

(Aschenbach, 2017; Haus kirchlicher Dienste der Evangelisch-lutherischen Landeskirche Hannovers, n.d.; Sutor, 2020; Welzel, 2016).

9.2   Individuellen Notfallplan zu „Trauermanagement am Arbeitsplatz" erstellen

Erarbeiten Sie möglichst vor Eintritt eines Todesfalls einen organisationsspezifischen Notfallplan (Garbade & Kruck, 2023) mit konkreten Regelungen, Verantwortlichkeiten und Abläufen. Zur Erarbeitung entsprechender Maßnahmen und Zuständigkeiten finden Sie eine Vorlage als digitales Zusatzmaterial zum Download. Beziehen Sie dabei Mitarbeitende, die für konkrete Rollen vorgesehen sind, von Beginn an ein und nehmen Sie eine enge Abstimmung vor. Erfassen Sie zu jeder Person mindestens eine Vertreterin/einen Vertreter und die jeweiligen Erreichbarkeiten. Legen Sie zudem fest, wo die Dokumente zu finden sind und in welchem Turnus die Prüfung auf Aktualität erfolgt.

Kommunizieren Sie gegenüber allen Mitarbeitenden, dass Sie entsprechende Vorkehrungen getroffen haben. Zudem kann eine aktive Einbindung der Belegschaft durchgeführt werden, um Wünsche oder Bedarfe bereits im Vorfeld zu erkennen. Dies kann beispielsweise durch Befragungen erfolgen, um daraus ergänzende Maßnahmen abzuleiten. Damit fördern Sie zugleich die Entwicklung und/oder Stärkung einer Trauerkultur in Ihrer Organisation (Sutor, 2020).

9.3 Notfallordner anlegen

Legen Sie vorsorglich eine Sammlung aller relevanten Dokumente für eine Krisensituation an. Neben dem Notfallplan „Trauermanagement am Arbeitsplatz" kann diese beinhalten (Berude et al., 2025):

- Betriebsvereinbarung zu Tod und Trauer am Arbeitsplatz (Gewerkschaft vida, o. J.)
- Übersicht und Kontaktdaten von Personen, die im Notfall zu informieren sind
- Vollmachtsverzeichnis, gegebenenfalls Generalvollmacht und Bankvollmacht für weitere Person(en)
- Registerauszüge/Registeranmeldung
- Liste zeichnungsberechtigter Personen
- Liste Ansprechpersonen (zum Beispiel Rechtsanwälte, Notare, betriebliche Versicherungen, Bank, Steuerbüro)
- Konstitutive Dokumente (zum Beispiel Satzung, Gesellschaftsvertrag)
- Abgeschlossene Versicherungen (zum Beispiel Key-Person-Versicherung)
- Verfügbarkeit von Passwörtern, Codes und Schlüsseln
- Testament oder Hinweis zum Aufbewahrungsort
- Getroffene Regelungen (beispielsweise zu Stellvertretung und Leitungsnachfolge)

Stellen Sie sicher, dass die Inhalte des Notfallordners regelmäßig überprüft und bei Bedarf aktualisiert werden. Sorgen Sie dafür, dass allen verantwortlichen Personen der Aufbewahrungsort bekannt ist.

9.4 Interne Strukturen schaffen

Um Trauermanagement nachhaltig und zuverlässig zu verankern, sollte das Thema einer klar verantwortlichen Stelle zugeordnet werden. Dies kann zum Beispiel bei der Personalabteilung oder dem Betrieblichen Gesundheitsmanagement erfolgen, sofern entsprechende Strukturen vorhanden sind. Ebenso ist es möglich, sogenannte „Trauervertrauenspersonen" (Gewerkschaft vida, o. J.) oder

„Betriebliche Letzthelfer:innen" (LAUT – Letzthelfer:innen am Arbeitsplatz, 2025; Schroeter-Rupieper & Bauerdick, 2024) auszubilden, die freiwillig die Verantwortung für das Thema übernehmen und als interne Ansprechpersonen zur Verfügung stehen.

9.5   Externe Unterstützung hinzuziehen

Über externe Dienstleistungsangebote, zum Beispiel durch „Betriebliche Sozialberatung", Employee Assistance Programme (EAP) oder durch ausgebildete Trauerbegleitende können Sie sich bei Bedarf zusätzliche Unterstützung holen.

9.6   Weiterführende Literatur

Nachfolgend finden Sie eine Auswahl von Literaturvorschlägen, die Sie dabei unterstützen können, Trauer am Arbeitsplatz besser zu verstehen und angemessen zu begleiten.

Achenbach, T. (2020). *Mitarbeiter in Ausnahmesituationen: Trauer, Pflege, Krise – Ein Leitfaden für Führungskräfte, Personalverantwortliche und Betriebsräte.*

Gil Toja, T. P. (2020). *Trauer am Arbeitsplatz: Leitfaden zum Verstehen und Handeln.* Handwerkskammer Koblenz. https://www.hwk-koblenz.de/downloads/trauer-am-arbeitsplatz-leitfaden-zum-verstehen-und-handeln-52,1287.pdf

Illes, F. (2020). *Unterstützungsangebote nach einem Suizid im beruflichen Umfeld.* AGUS e. V. https://bestellungen.agus-selbsthilfe.de/media/19/15/2a/169848281 3/br00017_beruflicher_kontext.pdf

Nolden, N., Gebhardt, A., & Vogel, F. (2025). *In guten wie in schlechten Zeiten – auch am Arbeitsplatz: Aufbau einer Trauerkultur in Unternehmen und Organisationen.*

Offermann, F. (2016). *Wenn Kollegen trauern: wahrnehmen – verstehen – helfen.*

Paul, C. (2021). *„Wir leben mit deiner Trauer" – Das Kaleidoskop des Trauerns für Freunde und Angehörige.*

Sutor, P. (2020). *Trauer am Arbeitsplatz: Sprachlosigkeit überwinden – Fürsorgepflicht wahrnehmen – Trauerkultur entwickeln.*

Masciulli Jung, A., Ischer, M., Haunreiter, K., & Berthod, M.-A. (2022). *Trauer in der Arbeitswelt.* HETSL, AVIF. https://proitera.ch/assets/content/proitera/dokumente/hetsl-broschuere-trauer-in-der-arbeitswelt.pdf

Literatur

Aschenbach, T. (2017, October 17). Tod und Trauer am Arbeitsplatz: Was Firmen tun können, ist eine ganze Menge. Trauer ist Leben. https://trauer-ist-leben.blogspot.com/2017/10/tod-und-trauer-am-arbeitsplatz-was.html. Zugegriffen: 129. Oktober 2025.

Berude, A., Mikulsky, T., & Rammrath, M. (2025). *Notfall-Handbuch für Unternehmen: Wichtige Informationen bei Ausfall der Unternehmensleitung* (3. Aufl.) [PDF]. Handelskammer Hamburg. Zugegriffen: 22. Oktober 2025.

Garbade, S., & Kruck, D. (2023, May). Krisen am Arbeitsplatz durch plötzliche Sterbefälle. Beitrag präsentiert auf der Messe „Leben und Tod", Bremen, Deutschland.

Gewerkschaft vida. (o.J.). *Muster-Betriebsvereinbarung zwischen Geschäftsleitung und Betriebsrat zum Thema Tod und Trauer am Arbeitsplatz* [PDF]. https://www.vida.at/content/dam/vida/downloads/tatort-arbeitsplatz/Muster-BV-zw-Geschaeftsleitung-und-Betriebsrat-trauer.pdf. Zugegriffen: 22. Oktober 2025.

Haus kirchlicher Dienste der Evangelisch-lutherischen Landeskirche Hannovers. (n.d.). Handreichung für Unternehmen zum praktischen Umgang mit Todesfällen. https://www.material-e.de/handreichung-fuerunternehmen-zum-praktischen-umgang-mit-todesfaellen/12-350019. Zugegriffen: 15. November 2024.

LAUT – Letzthelfer:innen am Arbeitsplatz. (2025, October 9). *Abschluss-Symposium im Bundesministerium für Familie, Senioren, Frauen und Jugend.* https://letzthelferamarbeitsplatz.com/. Zugegriffen: 22. Oktober 2025.

Schroeter-Rupieper, M., & Bauerdick, B. (Hosts). (2024, June 7). *Trauer am Arbeitsplatz* [Audio podcast episode]. *Todesmutig.* https://www.podcast.de/episode/634025302/trauer-am-arbeitsplatz. Zugegriffen: 22. Oktober 2025.

Sutor, P. (2020). *Trauer am Arbeitsplatz: Sprachlosigkeit überwinden – Fürsorgepflicht wahrnehmen – Trauerkultur entwickeln.* Patmos Verlag.

Welzel, U. (2016, February 10). *Trauer am Arbeitsplatz.* ARBEITSSCHUTZ digital. https://www.arbeitsschutzdigital.de/ce/trauer-am-arbeitsplatz-2/detail.html. Zugegriffen: 22. Oktober 2025.

Zusammenfassung

Dieses Kapitel enthält in Form von Mustervorlagen verschiedene Formulierungshilfen.

Nachfolgend finden Sie Vorlagen, die sowohl zur internen Kommunikation mit der Belegschaft als auch zur Kommunikation mit externen Kontakten genutzt werden können. Zudem erhalten Sie Anregungen für die Kondolenz gegenüber den Hinterbliebenen und für Gedenkschreiben zu Jahrestagen.

▶ **Wichtig** Achten Sie stets darauf, eine entsprechende Individualisierung mit deutlich persönlichem Bezug zur verstorbenen Person vorzunehmen. Grundsätzlich sollte auf Floskeln, leere Worthülsen und Zeugnissprache verzichtet werden. Dies hat keinen tröstlichen Effekt und wirkt unpersönlich.

Berücksichtigen Sie zudem erforderliche inhaltliche Anpassungen entsprechend Ihrer Gegebenheiten und geplanten Vorgehensweisen.

10.1 Interne Kommunikation

10.1.1 Ankündigung einer dringenden Zusammenkunft

Diese Vorlage kann verwendet werden, um eine kurzfristig stattfindende Versammlung zur persönlichen Mitteilung des Todesfalls einzuberufen:

© Der/die Autor(en), exklusiv lizenziert an Springer Fachmedien Wiesbaden GmbH, ein Teil von Springer Nature 2026
S. Dietze, *Trauermanagement in Organisationen*, essentials,
https://doi.org/10.1007/978-3-658-51787-8_10

> **Mustervorlage: Ankündigung dringende Zusammenkunft**
> *Sehr geehrte Mitarbeitende/Liebe Kolleginnen und Kollegen,*
> *wir bitten Sie um eine kurzfristige Zusammenkunft aufgrund einer dringenden Mitteilung.*
> *Alle anwesenden Personen werden gebeten, sich um [HH:MM] Uhr im [Raum] einzufinden.*
> *Mitarbeitende in Telearbeit schalten sich bitte zu dieser Zeit per Videokonferenz unter folgendem Link zu: [Link].*
> *Vielen Dank für Ihre Aufmerksamkeit.*
> *Mit besten Grüßen*
> *Die Geschäftsleitung*

10.1.2 Mitteilung des Todesfalls (persönlich oder schriftlich)

Diese Vorlage kann als Formulierungshilfe für die persönliche oder schriftliche Überbringung der Todesnachricht sowie für die Mitteilung weiterer Informationen verwendet werden:

> **Mustervorlage: Mitteilung Todesfall**
> *Liebe Kolleginnen und Kollegen,*
> *gerade erreichte uns vollkommen überraschend die traurige Nachricht, dass unsere Mitarbeiterin/unser Mitarbeiter [Name] verstorben ist.*
> *Sie/Er ist am [TT.MM.JJJJ] durch [Todesursache]/(plötzlich) ums Leben gekommen.*
> *[Name] war seit [Zeitraum] bei uns als [Funktion] tätig und auf verschiedenen Ebenen eine Bereicherung für unser Unternehmen.*
> *Sie/Er wird uns nicht nur durch ihre/seine [zuverlässige/engagierte/gewissenhafte/ideenreiche/analytische/...] Arbeitsweise in Erinnerung bleiben, sondern vor allem auch menschlich mit ihrer/seiner [positive Persönlichkeitsmerkmale].*
> *Wir verlieren damit einen besonderen Menschen, der eine spürbare Lücke hinterlassen wird.*

Bei persönlicher Mitteilung:

Lassen Sie uns gemeinsam für einen Moment schweigen, um persönlichen Erinnerungen an [Name] nachzugehen. – Schweigeminute einlegen -

Ich möchte Sie nun über die nächsten Schritte informieren.

Wir haben einen Krisenstab eingerichtet, der sich intensiv zu den nächsten Maßnahmen berät.

Vorerst hat sich [Name] bereit erklärt, als erste Ansprechperson zu fungieren. Bitte kontaktieren Sie sie/ihn, falls Sie eine wichtige Information oder Frage haben.

Nach jetzigem Stand können wir Ihnen folgenden weiteren Ablauf mitteilen: [(zum Beispiel Prozedere Kriminalpolizei, gegebenenfalls PSNV-Team, Kontakt zu den Hinterbliebenen)].

Wir werden Sie zeitnah über die nächsten Schritte und zu Möglichkeiten der Trauerbewältigung informieren.

[gegebenenfalls auf nachfolgende abteilungsinterne Zusammenkünfte hinweisen]

Von Seiten der Leitung sei gesagt, dass uns dieser Verlust sehr betroffen macht und wir [Name] gemeinsam ein ehrendes Gedenken bereiten werden.

[gegebenenfalls Hinweise zur Beisetzung, sofern Termin und Teilnahmemöglichkeiten bekannt]

Für alle ihr/ihm im Unternehmen Nahestehenden sprechen wir der Familie/den Hinterbliebenen unsere tiefe Anteilnahme aus.

In Trauer

[Name]

[Leitungsbezeichnung]

(Haus kirchlicher Dienste der Evangelisch-lutherischen Landeskirche Hannovers, o. J.).

10.1.3 Informationen zur Trauerbewältigung

Zeigen Sie nach mündlicher oder schriftlicher Mitteilung des Todesfalls möglichst zeitnah Hinweise und Angebote zur gemeinschaftlichen und individuellen Trauerbewältigung auf (entsprechend der Umsetzungsmöglichkeiten).

Mustervorlage: Informationen zur Trauerbewältigung
Liebe Mitarbeitende,

nachdem Sie die traurige Nachricht über das Versterben von [Name] erfahren haben, möchten wir Sie bestmöglich bei der Verarbeitung des Geschehenen unterstützen. Folgende Angebote stehen zu Ihrer individuellen Nutzung zur Verfügung:

Der [Raum] wird in Gedenken an [Name] **als Trauerraum** *hergerichtet und steht jedem Mitarbeitenden für die nächsten Wochen als Rückzugsort offen. Mit dem „Bitte nicht stören"-Schild haben Sie die Möglichkeit, in Ruhe Ihrer Trauer Ausdruck zu verleihen. Entsprechendes Material (Kondolenzbuch, Briefpapier, …) liegt zur freien Verwendung bereit.*

Daneben können Sie unsere [Räume] für **Gruppengespräche** *und [Räume] für* **Einzelgespräche** *mit Ihren Vorgesetzten oder Kolleginnen und Kollegen nutzen.*

Als **organisatorischer Ansprechpartner** *steht Ihnen [Name] zur Verfügung.*
Zur **emotionalen Unterstützung** *wenden Sie sich bitte an [Name].*
Nachfolgend finden Sie eine Auswahl an **Anlaufstellen**, *die Sie zur Trauerbewältigung direkt kontaktieren können: [(siehe Abschn. 8.1, 8.2)]*
Oftmals helfen bereits wenige Entlastungsgespräche, mit denen sich schwierige Lebenssituationen leichter tragen lassen. Bitte warten Sie nicht, bis ein hoher Leidensdruck entstanden ist, sondern sorgen Sie am besten vor.

Im **Informationsflyer des BBK** *finden Sie weitere hilfreiche Informationen zum Umgang mit belastenden Situationen. Diese liegen [Stelle] zur Mitnahme bereit (siehe Abschn. 8.3).*

Bitte nehmen Sie sich in dieser Zeit ausreichend **Arbeitspausen**. *Sollte eine* **Arbeitsbefreiung** *erforderlich sein, bestehen folgende Möglichkeiten: [Regelungen]*

Wir sind bemüht, Sie über den weiteren Verlauf regelmäßig und zeitnah zu informieren.

Bitte achten Sie auf sich und Ihre Kolleginnen und Kollegen.
In Verbundenheit
(Leitung/Ihr Krisenstab/Im Auftrag der Leitung)

10.1.4 Traueranzeige

Die Traueranzeige wird meist im Namen der obersten Leitung oder Personalabteilung erstellt und gestaltet sich in schlichter Schwarz-Weiß-Optik. Nach vorheriger Einwilligung der Hinterbliebenen kann sie ein Foto des Verstorbenen enthalten. Hierfür eignet sich ein offizielles Mitarbeitendenporträt, das bereits im Organisationskontext verwendet wurde. Üblicherweise enthält die Traueranzeige folgende Angaben, die vor Publikation sorgfältig auf Richtigkeit geprüft werden müssen:

- Name der verstorbenen Person
- Gegebenenfalls Todesursache
- Sterbedatum/erreichtes Lebensalter
- Beschäftigungszeitraum /-dauer
- Tätigkeitsbereich
- Persönliche Worte zur verstorbenen Person und an Hinterbliebene
- Hinweise zur Beisetzung

Ist die Teilnahme an der Beisetzung nach Absprache mit Familie von Kolleginnen und Kollegen erwünscht, kann ein entsprechender Hinweis sowie der konkrete Termin und Ort angegeben werden.

Die Veröffentlichung kann beispielsweise per E-Mail, über das Intranet, als Aushang oder in Form eines internen Rundschreibens erfolgen (Frankfurter Allgemeine Lebenswege, o. J.; Haus kirchlicher Dienste der Evangelisch-lutherischen Landeskirche Hannovers, o. J.).

Mustervorlage 1: Traueranzeige
Wir trauern
um unsere Kollegin/unseren Kollegen
Frau/Herr [Name]
Sie/Er verstarb am [TT.MM.JJJJ] im Alter von [JJ] Jahren (plötzlich/unerwartet/an langer, schwerer Krankheit/durch einen Unfall).
Sie/Er war seit dem [TT.MM.JJJJ] bei [Firma/Abteilung] beschäftigt und als
[Position/Tätigkeit] tätig.
[Name] wird uns besonders durch [Eigenschaften, die ihre/seine Arbeitsweise und Persönlichkeit positiv hervorheben] in Erinnerung bleiben und eine spürbare Lücke hinterlassen.

> *Den Hinterbliebenen gilt unser tief empfundenes Mitgefühl.*
> *Die Beisetzung findet im familiären Kreis statt./*
> *Die Beisetzung findet am [TT.MM.JJJJ] um [HH:MM] auf dem Friedhof [Name/Ort] statt. Alle, die [Name] die letzte Ehre erweisen möchten, sind willkommen.*
> *[Ort, Datum]*
> *In stiller Anteilnahme*
> *Die Geschäftsleitung, der Betriebsrat und die Belegschaft von [Firma]*

Mustervorlage 2: Traueranzeige
Zutiefst traurig nehmen wir Abschied von unserer hochgeschätzten Kollegin/ unserem hochgeschätzten Kollegen
Frau/Herrn [Name]
, die/der im Alter von [JJ] verstorben ist.
[Name] war seit [JJ] Teil unseres Teams und hat unser Miteinander und unsere Arbeit mit (Engagement und Menschlichkeit, …) bereichert. Wir werden sie/ihn in besonderer Erinnerung behalten.
(gegebenenfalls Ehrungen, Auszeichnungen erwähnen)
Unsere Gedanken sind in dieser schweren Zeit bei ihrer/seiner Familie und ihren/seinen Hinterbliebenen.
[Ort], [MM.JJJJ]
Der Vorstand, Personalrat und die Belegschaft der [Firma]

10.2 Kommunikation mit Hinterbliebenen

Verwenden Sie vor allem in Kontakt mit den Hinterbliebenen einfühlsame und respektvolle Worte, die ihr Mitgefühl ausdrücken und die verstorbene Person würdigen. Besondere Erinnerungen und Eigenschaften die ihre/seine Persönlichkeit auszeichneten, sollten ebenfalls Platz finden.

Für einen authentischen Text eignet es sich, gemeinsam mit ehemals vertrauten Kolleginnen und Kollegen Formulierungen auszuarbeiten.

Halten Sie auch im Verlauf der Zeit die verstorbene Person in Erinnerung und lassen Sie die Hinterbliebenen daran teilhaben. Das schafft ein Gefühl der Verbundenheit und des Trostes, mit dem Verlust nicht allein zu sein. Geeignete Anlässe für ein Gedenken per Karte oder Brief sind etwa Geburtstag, Todestag, besondere Feiertage oder wichtige Ereignistage der Organisation.

Exemplarisch richten sich die nachfolgenden Vorlagen an die Ehepartner. Die Beileidsbekundung kann aber ebenso an die Kinder oder andere nahestehende Zugehörige der verstorbenen Person ausgesprochen werden.

10.2.1 Kondolenzschreiben

Mustervorlage: Kondolenzschreiben

Sehr geehrte Frau [Name], /Sehr geehrter Herr [Name], /

Sehr geehrte Familie [Name]/Liebe Familie [Name], /

Liebe Frau [Name]/Lieber Herr [Name],

mit großer Betroffenheit haben wir vom unerwarteten Tod Ihrer Frau/ Ihres Mannes, [Vorname Name], erfahren.

Wir sind tief erschüttert und möchten Ihnen und Ihrer Familie unser tief empfundenes Mitgefühl aussprechen.

Wir werden uns an Ihre Frau/Ihren Mann stets als [wertschätzende Persönlichkeitsmerkmale] erinnern. Mit ihr/ihm verlieren wir nicht nur eine geschätzte Kollegin/einen geschätzten Kollegen, sondern auch einen Menschen, der unser persönliches Miteinander bereichert hat.

Wir wünschen Ihnen die notwendige Kraft, Trost und ein liebevolles Umfeld, das Ihnen zur Seite steht.

Wenn wir Sie in irgendeiner Weise unterstützen können, lassen Sie es uns bitte wissen.

In stiller Anteilnahme

[Vorname Nachname]

[Position]

[Organisation]

(Frankfurter Allgemeine Lebenswege, o. J.; Haufe Online Redaktion, 2020; R., 2025; Welzel, 2016)

10.2.2 Gedenkschreiben zum Geburtstag der/ des Verstorbenen

Mustervorlage: Gedenkschreiben Geburtstag

Sehr geehrte Frau [Name]/Sehr geehrter Herr [Name], /
Sehr geehrte Familie [Name]/Liebe Familie [Name], /
Liebe Frau [Name]/Lieber Herr [Name],
anlässlich des Geburtstages von [Name] möchten wir Ihnen und Ihrer Familie unsere herzliche Anteilnahme übermitteln.

Wir denken in diesen Tagen mit Dankbarkeit an die Zeit, die [Name] bei uns verbracht hat und halten ihren /seinen Einsatz und/oder ihre/seine Persönlichkeit in liebevoller Erinnerung.

Zu ihrer/seiner Ehren zünden wir gemeinschaftlich eine Kerze an (und/ oder anderes Ritual).

In Verbundenheit
[Name, Position/Team]
[Firma]

10.2.3 Gedenkschreiben zum Todestag der/des Verstorbenen

Mustervorlage: Gedenkschreiben Todestag

Sehr geehrte Frau [Name]/Sehr geehrter Herr [Name], /
Sehr geehrte Familie [Name]/Liebe Familie [Name], /
Liebe Frau [Name]/Lieber Herr [Name],
heute jährt sich der Todestag Ihrer Frau/Ihres Mannes, unserer geschätzten Kollegin/unseres geschätzten Kollegen [Name].

Wir möchten Ihnen und Ihrer Familie auf diesem Weg erneut unser tiefes Mitgefühl aussprechen. Die Erinnerung an [Name] lebt in unserem Unternehmen weiter, und wir denken in diesen Tagen besonders an sie/ihn.

Sollten Sie Unterstützung benötigen oder ein Gespräch wünschen, sind wir jederzeit für Sie da.

Mit stillem Gruß
[Name, Position]
[Organisation]

10.3   Externe Kommunikation

10.3.1 Autoresponder für E-Mailaccount

Die Abwesenheitsnotiz für das E-Mailpostfach des verstorbenen Mitarbeitenden sollte lediglich eine neutrale Information über die Nichterreichbarkeit und die Angabe einer Ansprechperson enthalten.

Mustervorlage: E-Mail-Abwesenheitsnotiz
„Vielen Dank für Ihre Nachricht. [Name der verstorbenen Person] ist nicht erreichbar. Ihre Anfrage wurde an [Name Vertretung] weitergeleitet und wird zeitnah beantwortet."

10.3.2 Öffentliche Traueranzeige (Nachruf)

Zur öffentlichen Ehrung eines verstorbenen Mitarbeitenden wird häufig ein Nachruf veröffentlicht, meist in (über-)regionalen Zeitungen und ggf. Fachzeitschriften, gedruckt und/oder online.

Inhalt und Veröffentlichungszeitpunkt sind eng mit den Hinterbliebenen abzustimmen. Idealerweise erscheint der Nachruf zeitgleich mit der Familientraueranzeige, keinesfalls davor. Die Optik sollte sich ebenfalls daran orientieren, um sicherzustellen, dass der Firmennachruf nicht größer und auffälliger gestaltet ist. Inhaltlich stehen die Würdigung der Person, die Anteilnahme gegenüber den Hinterbliebenen und der Ausdruck der Trauer der Kolleginnen und Kollegen im Fokus. Wählen Sie ein schlichtes Layout und prüfen Sie die Angaben vor der Veröffentlichung sorgfältig auf Richtigkeit (Gil Toja, 2020; Redaktion Wirtschaftswissen, 2025; Sutor, 2020).

Mustervorlage 1: Öffentliche Traueranzeige (Nachruf)
In stiller Trauer nehmen wir Abschied von
[Name]
die/der am [TT.MM.JJJJ] verstorben ist.
[Name] war seit [JJ] in unserem Unternehmen als [Funktion, Tätigkeit, gegebenenfalls besondere Verdienste] tätig.

Sie/Er war durch [individuelle Persönlichkeitsmerkmale] eine geschätzte Kollegin/ein geschätzter Kollege.
Wir behalten sie/ihn dankbar in Erinnerung.
Unsere Gedanken sind bei der Familie und ihren/seinen Hinterbliebenen.
[Name, Position] und die gesamte Belegschaft
[Organisation]

Mustervorlage 2: Öffentliche Traueranzeige (Nachruf)
In tiefer Trauer nehmen wir Abschied von
unserer geschätzten Kollegin/unserem geschätzten Kollegen
[Name]
[Geburtsdatum] [Todestag]
[Name] war seit [JJ] Teil unseres Teams und ging [passioniert, engagiert, …] ihrer/seiner Tätigkeit als [Aufgabe/Funktion] nach.
Sie/Er bereicherte unser Miteinander durch [individuelle Persönlichkeitsmerkmale].
Sie/Er war damit mehr als nur eine geschätzte Kollegin/ein geschätzter Kollege und hinterlässt eine spürbare Lücke.
Uns bleiben viele besondere Erinnerungen, die wir dankbar in Ehren halten.
Ihren/Seinen Hinterbliebenen gilt unser tief empfundenes Mitgefühl.
[Name, Position]
Die Mitarbeiterinnen und Mitarbeiter
[Organisation]
[gegebenenfalls Spendenhinweis]

10.3.3 Mitteilung an Geschäftspartnerinnen und Geschäftspartner

Hielt der verstorbene Mitarbeitende regelmäßig persönlichen Kontakt zu Geschäftspartnerinnen und Geschäftspartnern, sollten diese entsprechend informiert werden.

Neben der Mitteilung über den Todesfall (ohne Details) sind Angaben zu einer neuen Ansprechperson sowie Hinweise auf mögliche Auswirkung durch plötzlich veränderte Abläufe sinnvoll. Diese Transparenz schafft Verständnis für Ihre aktuelle Situation und kann die Fortführung der Geschäftsbeziehung sichern.

Die Information kann in Form eines Briefes oder einer formellen E-Mail erfolgen. Bei besonders vertrauten oder langjährigen Geschäftsbeziehungen empfiehlt sich ein persönliches Telefonat, bei dem gegebenenfalls Hinweise zur Beisetzung gegeben werden können.

> **Mustervorlage: Mitteilung an Geschäftspartnerinnen und Geschäftspartner**
>
> *Sehr geehrte Geschäftspartnerinnen und Geschäftspartner,*
>
> *es ist unsere traurige Pflicht, Sie darüber zu informieren, dass unsere geschätzte Mitarbeiterin*
>
> */unser geschätzter Mitarbeiter [Name] am [TT.MM.JJJJ] verstorben ist.*
>
> *Die gesamte Belegschaft unserer Firma/Organisation befindet sich in tiefer Trauer um diesen Verlust. Frau/Herr [Name] hinterlässt nicht nur fachlich eine große Lücke, sondern wird uns auch menschlich fehlen.*
>
> *Zur Sicherstellung des laufenden Geschäftsbetriebs steht Ihnen [Name] als vorübergehende/neue Ansprechperson zur Verfügung.*
>
> *Wir tun unser Möglichstes, unseren geschäftlichen Aufgaben auch in dieser schweren Zeit zuverlässig nachzukommen. Wir bitten um Verständnis, sollte es in den kommenden Wochen vereinzelt zu Einschränkungen kommen.*
>
> *Mit Dank für Ihre Anteilnahme und besten Grüßen*
>
> *[Name, Position/Team]*
>
> *[Firma]*

(Haus kirchlicher Dienste der Evangelisch-lutherischen Landeskirche Hannovers, o. J.).

Literatur

Frankfurter Allgemeine Lebenswege. (o.J.). *Plötzlich und unerwartet: Ratgeber zur Trauer am Arbeitsplatz.* https://www.faz.media/traueranzeigen.de. Zugegriffen am 15.01.2025.

Gil Toja, T. P. (2020). *Trauer am Arbeitsplatz – Leitfaden zum Verstehen und Handeln.* Handwerkskammer Koblenz. https://www.hwk-koblenz.de/downloads/trauer-am-arbeitsplatz-leitfaden-zum-verstehen-und-handeln-52,1287.pdf. Zugegriffen am 15.11.2024.

Haufe Online Redaktion. (2020, December 7). *Angemessene Beileidswünsche beim Tod von Mitarbeitern, Mandanten und Geschäftspartnern.* Haufe. https://www.haufe.de/recht/kanzleimanagement/angemessene-beileidswuensche-beim-tod-von-mitarbeitern-mandanten_222_530058.html

Haus kirchlicher Dienste der Evangelisch-lutherischen Landeskirche Hannovers. (o.J.). *Handreichung für Unternehmen zum praktischen Umgang mit Todesfällen.* https://www.material-e.de/handreichung-fuer-unternehmen-zum-praktischen-umgang-mit-todesfaellen/12-350019. Zugegriffen am 15.11.2024.

R., M. (2025, August 20). *Wie verfasse ich ein Kondolenzschreiben? Aufbau, Formulierungen und Beispiele.* Traueranzeigeonline.de. https://traueranzeigeonline.de/blog/wie-verfasse-ich-ein-kondolenzschreiben/#beispiele

Redaktion Wirtschaftswissen. (2025, January 15). *Nachruf auf einen verstorbenen Mitarbeiter schreiben – Muster & Beispiele.* Wirtschaftswissen. https://www.wirtschaftswissen.de/unternehmensfuehrung/korrespondenz/so-informieren-sie-ueber-einen-todesfall/

Sutor, P. (2020). *Trauer am Arbeitsplatz: Sprachlosigkeit überwinden – Fürsorgepflicht wahrnehmen – Trauerkultur entwickeln.* Patmos Verlag.

Welzel, U. (2016, February 10). *Trauer am Arbeitsplatz.* ARBEITSSCHUTZ digital. https://www.arbeitsschutzdigital.de/ce/trauer-am-arbeitsplatz-2/detail.html

Fazit

Zusammenfassung

Abschließend erfahren Sie noch einmal zusammengefasst, was die wichtigsten Erkenntnisse aus diesem *essential* sind.

Mit diesem *essential* erhalten Sie ein praktisches Werkzeug, um bei Todesfällen im beruflichen Umfeld professionell, effizient und dennoch einfühlsam handeln zu können.

Anhand konkreter Maßnahmen wird aufgezeigt, wie die gemeinsame Bewältigung unter Berücksichtigung von betrieblichen Interessen und individuellen Bedürfnissen gelingen kann. Führungskräfte und Personalverantwortliche können damit ihr Verantwortungsbewusstsein gegenüber Beschäftigten verdeutlichen, die Personalbindung verstärken und über den Arbeitsalltag hinaus einen offenen, vertrauensvollen Umgang mit Trauernden fördern.

Weiterhin kann das *essential* genutzt werden, um bereits im Vorfeld einen individuellen Notfallplan zu entwickeln und um eine nachhaltige Krisen- und Trauerkultur für Ihre Organisation aufzubauen.

Was Sie aus diesem *essential* mitnehmen können

- Schnelle und sichere Handlungshilfe bei Todesfällen im beruflichen Kontext
- Orientierung für einen sensiblen und respektvollen Umgang mit trauernden Menschen
- Grundlage für die Entwicklung eines individuellen Notfallplans